GUIDE

DU

BAIGNEUR

DANS

DIEPPE & SES ENVIRONS,

Par M. l'Abbé COCHET,

Inspecteur des Monuments historiques de la Seine-Inférieure.

PRIX : 1 FRANC.

DIEPPE

A. MARAIS, LIBRAIRE-ÉDITEUR,
41, Grande-Rue, 41.

MDCCCLXV.

GUIDE DU BAIGNEUR

DANS DIEPPE ET SES ENVIRONS.

GUIDE
DU
BAIGNEUR

DANS

DIEPPE & SES ENVIRONS,

Par M. l'Abbé COCHET,

Inspecteur des Monuments historiques de la Seine-Inférieure

PRIX : 1 FRANC.

DIEPPE

A. MARAIS, LIBRAIRE-ÉDITEUR,

41, Grande-Rue, 41.

MDCCCLXV.

Rouen.—Imp. de E. Cagniard, rues de l'Impératrice, 88, et des Basnage, 5.

GUIDE DU BAIGNEUR.

« Paris à Dieppe » est devenu le mot à la mode depuis le salut poétique adressé il y a quelques années par M. Théodore Muret à cette foule cosmopolite qui remplit nos Bains pendant la belle saison. Ce mot est aussi notre devise, à nous qui avons à conduire l'étranger, de la capitale aux bains de mer, et qui nous sommes donné pour mission de le piloter à Dieppe et aux environs pendant la campagne hydrothérapique.

Nous partagerons donc ce Guide en trois parties :

1° Voyage de Paris à Dieppe ;

2° Visite à la ville ;

3° Promenades aux environs.

Puissions-nous atteindre notre but à la satisfaction du lecteur.

PREMIÈRE PARTIE.

VOYAGE DE PARIS A DIEPPE.

DE PARIS A ROUEN.

Nous ne répéterons pas ici ce que disent tous les itinéraires de Paris à Rouen. C'est chose connue des voyageurs. Nous nous attacherons plus spécialement à conduire le voyageur de Rouen à Dieppe et à lui servir de guide dans cette partie neuve et inexplorée du chemin. Cependant, pour ne pas l'abandonner entièrement à ses réminiscences, nous aiderons sa mémoire en glissant rapidement avec lui sur la voie de Paris à Rouen.

On sort de Paris par le magnifique embarcadère de la rue Saint-Lazare et, après avoir traversé les Batignolles, Asnières, Colombes, les Houilles, on aperçoit le château de Maisons-Laffitte, construit par Mansard et illustré par la présence de Voltaire et de Napoléon. Depuis, le duc de Montebello et Jacques Laffitte l'occupèrent tour à tour. C'étaient les puissances de leur temps : les armes et la finance. On laisse au loin Saint-Germain-en-Laye, le berceau de Louis XIV et la tombe de Jacques II. On passe près de Poissy, où naquit saint Louis, le 24 avril 1215 ; où Charles-le-Chauve tint un concile et les protestants un colloque. Puis on aperçoit Triel, ancienne propriété de l'abbaye de Fécamp, dont l'église possède un tableau peint par Le Poussin et donné par un pape à Christine de Suède. Nous passons à Meulan, où commence l'histoire de la Normandie ; à Mantes, où notre illustre Guillaume gagna la mort lorsqu'il allait *faire ses relevailles* à Notre-Dame de Paris. Dans cette paisible cité, batailla Duguesclin et mourut Philippe-Auguste. Il est fâcheux qu'une profonde tranchée nous dérobe la vue de l'église fondée par Jeanne de France et qui est fort belle. Restaurée par les mains du siècle, cette église est aussi belle qu'au temps qui la vit naître. Qui veut connaître Mantes doit s'y arrêter et prendre en main le livre publié sur cette ville par Auguste Moutié, de Rambouillet.

De Mantes à Rosny, il n'y a qu'un pas par le chemin de fer; Rosny, c'est le berceau de Sully, l'auteur des *Economies royales*, le plus grand ministre de Henri IV. Dans notre Normandie, on appelle *Rosny* de vieux arbres plantés sur les cimetières par cet ami de l'agriculture. Rosny était, avant 1830, la maison de plaisance de la duchesse de Berry, dont Dieppe était le balnéaire. Traversons le tunnel de Rolleboise, qui a plus de 2,600 mètres de longueur, et jouissons des débris de ce vieux château de la Roche-Guyon, qui appartint aux Normands et où périt le vainqueur de Cérizolles. On aime les vieux châteaux en ruines, c'est ce qui donne tant de charmes aux rives du Rhin et du Rhône.

Vernon, où nous arrivons par un remblai de 100,000 mètres cubes, est la ville des carrières par excellence. C'est avec la pierre de Vernon que le moyen-âge a bâti ses belles églises, à Rouen et dans toute la Normandie. C'est avec une colline de Vernon qu'a été fait le palais du Louvre. Cette ville était la clé de la Normandie vers la France; aussi elle a vu bien des siéges et bien des batailles. La tour où sont les archives communales proclame encore ces souvenirs de guerre.

Près de Vernon sont la forêt, antique retraite de saint Adjuteur, et le château de Bizy, cher au duc de Penthièvre et au roi Louis-Philippe. Après avoir glissé quelque temps dans la vallée de la Seine, au moment où l'on traverse le parc de l'ancienne Chartreuse de Bourbon, on voit apparaître, sur une colline, l'ancien château de Gaillon, la splendide demeure des archevêques de Rouen. Le cardinal d'Amboise le fit bâtir avec magnificence et M. Achille Deville vient de nous révéler, dans un livre richement illustré, tous les détails de cette somptueuse construction. Dans cette fastueuse enceinte, le cardinal de Bourbon fut proclamé roi de la Ligue, car c'est ici que fut résolue, par les puissants du royaume, la *Sainte Union catholique*; l'archevêque de Harlay y établit une imprimerie et y publia le *Mercure de Gaillon*. C'est aussi dans l'admirable chapelle de ce château, dont les stalles étaient un chef-d'œuvre de la renaissance, que les évêques de la Normandie, réunis en concile, condamnèrent les fameuses *Maximes des Saints*, de Fénélon. La révolution démolit cette merveille, et M. Lenoir fit porter à Paris une des façades de ce chef-d'œuvre. Elle décore aujourd'hui le palais des Beaux-Arts. Le *progrès des temps* en a fait une prison pour plusieurs centaines de détenus.

Tournons maintenant nos regards vers les majestueux débris du Château-Gaillard, cette FILLE D'UN AN du roi Richard-Cœur-de-Lion. Admirez comment Philippe-Auguste a pu escalader ces hautes tours où fut étranglée plus tard la fameuse Marguerite de Bourgogne, femme de Louis-le-Hutin. Ce géant de pierre se dresse encore sur la Seine qu'il commandera bien des siècles.

Derrière la forteresse sont les Andelys, *la ville de sainte Clotilde*, la patrie de l'aéronaute Blanchard, d'Adrien Turnèbe, célèbre érudit du xvi° siècle et de Nicolas Poussin, le plus grand des peintres français. Saluons par la pensée sa statue de bronze et n'oublions pas de dire que c'est à Hacqueville, près des Andelys, que reçut le jour Brunel, l'ingénieur du tunnel sous la Tamise.

Nous franchissons le tunnel de Vénables, qui a 1,720 mètres de longueur. A notre gauche est Louviers, sur la rivière de l'Eure qui va bientôt s'unir à la Seine. Louviers est célèbre par ses draps et par l'histoire de la possession de ses religieuses. Plus près de nous est le Vaudreuil, aujourd'hui centre industriel, autrefois palais de nos rois mérovingiens. Un jour de l'année 585, la terrible Frédégonde sortit de cet exil afin de faire poignarder sous ses yeux et dans le sanctuaire même de sa cathédrale Prétextat, évêque de Rouen. A droite, c'est l'Andelle, qui se jette dans la Seine au pied d'un côteau que surmonte le prieuré *des Deux Amants*, et en face de la plaine de Pîtres, où fut un palais carlovingien dans lequel Charles-le-Chauve tint un concile, en 864, et rédigea le règlement monétaire si célèbre sous le nom d'*Édit de Pîtres*. Depuis quelques années le palais de Pîtres nous a montré ses débris si longtemps cachés sous l'herbe des prairies.

Enfin, sur la rive gauche, est la petite ville de Pont-de-l'Arche, la patrie d'Hyacinthe Langlois. On la dit bâtie par Charles-le-Chauve. Le pont qui lui a donné le nom est en pierre et naguère encore c'était le plus vieux de toute la Seine ; mais depuis sa chute éclatante en juillet 1856, ses vieilles ogives ont été remplacées par le génie des ponts et chaussées. Le flux de la mer vient mourir sous ses arches hier encore chargées de moulins.

Saluons l'abbaye de Bon-Port, cet *ex voto* de Richard Cœur-de-Lion ; franchissons le tunnel de Tourville, près duquel est Elbeuf, la plus riche draperie de France ; passons la Seine, à l'île d'Oissel, où campèrent peut-être les invasions des Normands, où Guillaume tint un concile en 1082, et arrivons à Sotteville, où sont les vastes ateliers du chemin de fer.

Nous traversons la Seine pour la dernière fois, et nous vous engageons à saluer avec admiration la grande cité féodale qui se présente ici dans toute sa majesté. Nous passons sous la côte Sainte-Catherine, que surmontent un vieux fort, le camp d'Henri IV et la place d'une abbaye. Nous sommes à Rouen, la métropole de la Normandie, que nous allons passer sous terre ; mais il sera bon d'y revenir, si vous voulez connaître la plus curieuse ville que nous ait léguée le moyen-âge.

Vous passerez d'agréables journées à visiter ses musées, ses églises, ses maisons, ses hôtels et ses tribunaux. Nommer Saint-Maclou, l'hôtel du Bourgtheroulde, le Palais-de-Justice, l'abbaye de Saint-Ouen et l'église Cathédrale, c'est dire les plus grandes merveilles que possèdent la Normandie, la France et presque l'Europe chrétienne.

DE ROUEN A DIEPPE.

ROUEN.

Nous quittons Rouen par l'embarcadère de la rue Verte. Le dernier monument que nous apercevons de cette ville, qui en est si riche, est l'église Saint-Romain, ancienne chapelle des Carmes-Déchaussés. Bâtie autrefois par les marquis de Cany, elle possède aujourd'hui le tombeau de son patron, le plus grand et le plus saint de nos évêques. Nous passons sous le Mont-aux-Malades, jadis une léproserie que remplace aujourd'hui un séminaire. De jeunes lévites se réunissent dans cette église où Henri Plantagenet rassembla des chanoines de l'ordre de Saint-Augustin, afin que leur prière expiât le meurtre de saint Thomas de Cantorbéry.

Nous traversons la voie romaine qui conduisait de Lillebonne à Rouen et le cimetière gallo-romain de Saint-Gervais, où l'on a trouvé tant de sarcophages antiques. Les champs qui entourent cette vieille église forment un immense dortoir où les générations s'accumulent depuis vingt siècles. Dans les fondements du temple, ont été assis, pour en former la base, saint Mellon et saint Avitien, premiers évêques de Rouen et apôtres de la Neustrie. Ils reposent dans une crypte construite en tuf

Tombeau de St-Romain dans la crypte de St-Gervais de Rouen.

et en briques romaines que l'on attribue, avec la plus grande ressemblance, à saint Victrice qui, pour la bâtir, portait lui-même des pierres sur son dos et sur ses épaules. Le vieux pontife, ami de saint Paulin de Nole et de saint Martin de Tours, avait reçu de saint Ambroise quelques reliques des saints martyrs Gervais et Protais, trouvées à Milan en 386. Nous avons quelque raison de penser que ce précieux trésor lui fut donné à Vienne, en Dauphiné, dans une entrevue qu'il eut avec saint Paulin et saint Martin, alors accablé d'années et de mérites. Dans la construction de la basilique primitive figurent des chapiteaux romains qui rappellent l'architecture du siècle de Justinien.

Cette vieille église, l'une des plus vénérables de la Normandie, fut donnée par nos premiers ducs à l'abbaye de Fécamp qui y établit un prieuré, une haute-justice et une potence à quatre pilliers qui figure sur tous les anciens plans de Rouen. Ce fut dans ce modeste prieuré, près des reliques des saints et des corps vénérés des pontifes, que vint mourir Guillaume-le-Conquérant, le 9 septembre 1087. Il fuyait dans cette solitude le bruit de la ville, si importun pour un malade. Il cherchait le repos, il y trouva le repos éternel.

Le prieuré a disparu dans les guerres, mais le souvenir du grand roi vit toujours, et l'Académie de Rouen, fidèle dépositaire des traditions normandes, est venue consacrer, par une inscription commémorative placée sur les murs de l'église, le passage du plus grand héros du XIe siècle.

Aujourd'hui, le quartier Saint-Gervais est devenu le

plus prospère et le plus commerçant de la ville. C'est la demeure de prédilection des manufacturiers et des fabricants de rouenneries, dont les produits jouissent d'une réputation européenne ; aussi les émeutiers de 1848 appelaient-ils cette côte le *Mont-d'Or*, à cause de ses richesses qu'ils convoitaient. Déjà ce quartier a perdu le nom de Saint-Gervais pour prendre celui de *Cauchoise*, à cause de la porte de Rouen qui conduisait vers le pays de Caux, et peut-être aussi parce que la population qui la compose est toute d'origine cauchoise; ce qui n'est pas la pire.

Enfin, nous sortons des tunnels et nous voici à la source des fontaines qui alimentent la ville de Rouen, les eaux d'Yonville et de Saint-Filleul, vieux baptistère où baptisa sans doute *Flavius*, l'un des premiers évêques de Rouen, à qui le peuple a consacré une chapelle, sous le nom de Saint-Filleul.

Des hauts retranchements de la rue du Renard, se déroule devant nous un point de vue magnifique ; profitons-en, car nous n'avons qu'un instant pour en jouir. A l'horizon, voici Canteleu avec ses châteaux et ses magnifiques futaies qui nous présagent les clairières du pays de Caux. A ses pieds coule la Seine, toujours couverte de navires à voiles et de bateaux à vapeur qui en font comme la grande rue d'une ville de commerce. Des îles de verdure flottent sur le fleuve, semblables à des alléges chargées de troupeaux et de feuillages. Des vertes prairies de Quevilly, de Saint-Sever et de Sotteville, s'élancent des milliers de flèches industrielles vomissant ces noires vapeurs qui enveloppent de leur éternel brouillard la capitale de la Normandie. Aussi on dirait que la gargouille y respire encore, et que le monstre de saint Romain cherche toujours à étouffer les habitants de la cité.

Disons adieu à ses hauts clochers dont l'art catholique a couronné les murs de la ville de Rollon et de Corneille. Les tours de Saint-Ouen et de la cathédrale se dressent devant nous pour se disputer nos derniers regards. Que notre dernier souvenir soit pour Notre-Dame-de-Bonsecours, afin qu'elle protège notre voyage et surtout qu'elle ne devienne jamais pour nous Notre-Dame-des-Flammes.

―

DÉVILLE.

Nous sortons du dernier tunnel et nous quittons enfin cette longue voie souterraine qui forme la ceinture de Rouen. La postérité s'étonnera à la vue du travail colossal et vraiment romain que notre siècle a entrepris pour traverser Rouen en chemin de fer. Ce sont là de ces entreprises gigantesques que l'on ne comprend que lorsqu'on les voit réalisées.

Nous entrons maintenant dans cette riche et belle vallée qui commence à Déville et qui nous mènera jusqu'à Clères, où la *Cailly* prend sa source. Aucune petite rivière de France ne fait mouvoir autant de roues, ne vivifie autant d'usines, n'anime autant d'ateliers d'industrie, que ce modeste ruisseau. C'est le *Sacramento* de notre laborieuse et honnête Normandie.

Nous voyons déjà se dérouler devant nous cette large et belle vallée toute couverte d'habitations et de manufactures. Les coteaux qui la bordent, à droite et à gauche, sont couronnés de bois-taillis qui ressemblent à des forêts, tant ils sont touffus. C'est que derrière eux, en effet, en face de nous, est la forêt de Roumare où Rollon suspendit, dans un jour de chasse, ces fameux bracelets d'or que nul n'osa voler.

Sur notre tête est le *Bois-l'Évêque*, ainsi nommé parce qu'il appartenait, de toute antiquité, aux archevêques de Rouen, primitivement appelés *évêques métropolitains*. Leur demeure était à Déville, dont le nom latin indique bien la maison d'un homme de Dieu, *Dei-Villa*. Saint Romain, évêque du viie siècle, s'y plaisait beaucoup, et une mare voisine de l'église porte encore le nom de ce saint. Le peuple prétend que jamais les grenouilles n'ont pu y vivre. Pour nous, nous sommes porté à voir dans cette mare et dans la *fontaine de Saint-Siméon*, qui est voisine, les restes de ces baptistères primitifs où nos apôtres romains et nos pontifes mérovingiens régénérèrent les peuples de nos contrées, si longtemps infidèles.

A Déville, toutefois, nos anciens archevêques aimaient à résider dans un manoir dont il ne reste plus que la place. Eudes Rigaud, qui préférait la campagne à la ville, habitait plus souvent cette maison des champs que son palais archiépiscopal. Nos pontifes tenaient des synodes à Déville, ils y ont même réuni jusqu'à des conciles. Aujourd'hui, Déville est riche de ses usines, de ses manufactures d'indienne, de ses filatures et de toute la prospérité d'une industrie moderne. 4,000 habitants vivent et prospèrent là où végétaient quelques serfs de la féodalité. Sur ce long pavé de Déville, que l'on parcourait jadis dans des diligences et des omnibus, est exposé, comme une relique, le marteau de la fameuse Georges d'Amboise, cassée à la Révolution, dont le métal servit à faire des canons et dont toute l'oraison funèbre se résuma dans cette inscription républicaine gravée sur de gros sous :

   Monument de vanité,
   Détruit pour l'utilité,
   L'an deux de l'Égalité.

Ne laissons pas Déville sans rappeler que ce fut dans ce village, alors entièrement champêtre, que Voltaire écrivit, en 1731, *La Mort de César*, l'une de ses plus pures et de ses plus belles compositions. Déjà il avait esquissé le premier acte de cette tragédie toute romaine à Rouen, dans une maison de la *rue Ganterie*, n° 70, à peu de distance de la *rue de la Pie*, où sont nés les deux Corneille. Souvent l'auteur de la *Henriade* allait se promener à Canteleu. Sur la route, il passait près d'une ferme que l'on montre encore à Bapeaume, et que l'on assure avoir appartenu à l'auteur de *Cinna*.

—

MAROMME.

De Déville, on arrive à Maromme sans s'en apercevoir. C'est toujours la même série d'usines, de fabriques et d'ateliers d'industrie. Une église neuve vient de s'élever pour les besoins spirituels des nombreux ouvriers qui, comme des abeilles, peuplent ces ruches laborieuses. Quoique inachevée, nous pouvons déjà la citer comme une œuvre de bon goût : rien que le clocher dont il nous est donné de voir la gracieuse flèche de pierre nous dit que c'est là l'inspiration d'un artiste chrétien. Son constructeur, en effet, est M. Barthélemy, l'architecte de la cathédrale de Rouen, le créateur de l'église de Bonsecours. Le choix de ce bâtisseur habile honore déjà ceux qui l'ont appelé, et vous féliciterez encore plus les habitants de Maromme quand vous saurez que cette charmante pyramide de pierre n'a coûté que 12,000 fr. Aussi lecteur, qui que vous soyez, si vous avez jamais à bâtir une église, ne prenez pas d'autre architecte que M. Barthélemy.

Sur la côte de Maromme, en face de nous, vous apercevez le fameux bois de La Valette, autrefois célèbre par les bandes de voleurs qui faisaient l'effroi de la contrée. Cette côte, qui s'appelle *la Mayne*, recèle dans ses flancs la vieille *chaussée romaine* qui, de Lyon, de Troyes et de Paris, gagnait l'embouchure de la Seine par Rouen et Lillebonne.

Dans la traverse de Maromme, près du pont où l'on franchit la rivière, était encore, il y a trente ans, un moulin à poudre qui devait remonter au temps d'Henri IV, car je me souviens d'avoir lu sur sa vieille porte l'inscription suivante :

Etna hæc Henrico Vulcania tela ministrat;
Tela gigantæos debellatura furores.

Cette fabrique de projectiles, qui fut supprimée en 1834, a fourni à notre siècle un véritable foudre de guerre. C'est là, en effet, que le 6 novembre 1794, est né le maréchal Pélissier, duc de Malakoff. Une inscription gravée sur marbre indique au voyageur et à la postérité l'humble maison du xvie siècle qui a donné à la France le vainqueur de Sébastopol.

—

BONDEVILLE.

Déjà la flamme nous a transportés jusqu'à Bondeville. Ces prairies, aujourd'hui couvertes de maisons, d'ateliers et de manufactures, furent autrefois solitaires et silencieuses ; et là où retentit le bruit de l'industrie, on n'entendait autrefois que le chant des oiseaux et le pieux murmure de la prière.

Vers 1140, Richard de Rouvres et Mathilde, son épouse, fondèrent à Bondeville un prieuré de femmes de l'ordre de Cîteaux, qu'ils soumirent à l'abbaye de Bival, près Neufchâtel, instituée dès 1128. Henri II, roi d'Angleterre, et Philippe-le-Hardi, roi de France, protégèrent la maison naissante. Les papes Honorius et Clément XI lui accordèrent des indulgences. Elle compta parmi ses bienfaiteurs Hugues de Cideville, Alice, comtesse d'Eu, et Renaud, archevêque de Bourges. Son existence ne fut guère qu'une série d'épreuves ; toutefois elle se releva de ses ruines sous le règne de Louis XIV, et prit alors une forme nouvelle.

En 1658, l'archevêque de Rouen, François II de Harlay, éleva le prieuré à la dignité d'abbaye, dont la première titulaire fut Mme de Beaumont. Jusqu'à la Révolution, le monastère compta 6 abbesses et 28 prieures. En 1791, l'église et les bâtiments claustraux furent vendus 90,000 livres. Transformée en une filature de coton, cette demeure est à présent la propriété de M. Deschamps, avocat à Rouen et ancien commissaire du gouvernement provisoire. Il y a vingt ans nous avons eu bien de la peine à reconnaître quelques débris du xII^e siècle dans cette maison de Dieu, devenue une fabrique, et dont les pierres tombales pavaient l'habitation du contre-maître. Du sein des tranchées, où nous glissons avec tant de rapidité, il vous est encore possible de reconnaître la vieille enceinte claustrale à ce carré de murs délabrés, tout couvert d'un épais tapis de lierres verdoyants.

MALAUNAY.

Traversons rapidement le Houlme, — encore un pays de fabrique, — et arrivons à Malaunay, à l'embranchement du chemin du Havre. Ici commence, à proprement parler, la route de Dieppe, car jusqu'à présent, nous avons voyagé sur un chemin d'emprunt, chemin magnifique, à double voie et très confortable ; maintenant, nous prenons une allure plus modeste, car nous sommes sur un *rail-way* qui a aussi ses deux voies, depuis quelques années seulement ; mais enfin nous sommes chez nous, et, comme on sait, il n'est pas de *petit chez soi*. Souhaitons un bon voyage à nos compagnons de la grande cité commerciale, et nous, roulons vers « la ville des bains et des plaisirs, » comme l'appelait M. Recurt le 29 juillet 1848, jour où il inaugurait notre voie nouvelle. Soyez sûrs que nos amis voyageront moins gaîment que nous. Ils seront constamment ensevelis sous terre, suspendus sur des viaducs ou exposés au grand vent dans des plaines nues et monotones ; nous, au contraire, nous traverserons un pays enchanteur, toujours frais, toujours varié, toujours pittoresque.

Tandis que par une sage mesure de la police du chemin, notre convoi s'arrête à l'*Embranchement* pour prendre langue, tout naturellement vous porterez vos regards autour de vous et vous voudrez connaître le point où vous êtes. Tout près, sur votre droite, vous apercevrez une croix de bois, des tertres affaissés, une haie d'épines, indice d'une ancienne clôture et d'une chaumière, tout cela, c'est ce qui reste d'un presbytère et d'un cimetière. Là où nous passons fut une des trois églises de Malaunay, car cette ancienne paroisse compta trois chapelles dédiées à saint Maurice, à saint Nicolas et à Notre-Dame-des-Champs. Celle qui se dressait sur le penchant de cette colline était Notre-Dame-des-Champs. La Révolution l'a vendue et renversée de fond en comble ; mais le peuple tient aux souvenirs, et s'il a perdu la maison de Dieu, il vénère la croix de bois qui garde les tombes. Pour nous, donnons aussi un souvenir et une prière à Notre-Dame-des-Champs !

Mais nous partons de nouveau et nous glissons dans de jolies vallées qui semblent creusées tout exprès pour recevoir un convoi de fête.

Pourtant, dès le début, nous rencontrons une colonne funèbre !

Malaunay ! Monville ! ces deux noms rappellent de tristes souvenirs. Ne passons pas sans une pensée pour les vivants, sans une prière pour les morts. Voyez-vous dans ces vertes prairies, sur le bord de cette paisible rivière, ces pans de murs écroulés, ces tronçons de colonnes, ces piliers renversés, ces poutres délaissées sur le sol, ces roues abandonnées sur l'herbe? Tout cela, ce sont les muets et derniers témoins de la terrible catastrophe dont vous avez cent fois entendu parler, de l'affreuse trombe du 19 d'août 1845. Avec la puissance de la foudre et la rapidité de l'éclair, ce terrible météore renversa trois usines, où travaillaient 370 ouvriers qui, pendant plusieurs heures, restèrent ensevelis sous les décombres.

Toute la vallée, toute la ville de Rouen accoururent pour les délivrer de ce tombeau d'une nouvelle espèce. On dégagea les victimes avec une peine infinie, il y avait vingt-cinq morts et des centaines de blessés; presque tous étaient mutilés par le choc d'étages renversés les uns sur les autres. Ce fut une scène de désolation universelle dans ce pays jadis si gai, si vivant, si animé. Si quelque chose put consoler de cet immense malheur, ce furent les efforts que tenta la charité publique pour réparer ce désastre. On recueillit plus de 300,000 fr. dans les trois premiers mois de la catastrophe. Dieu le rende aux bienfaiteurs dont lui seul connaît tous les noms !

Mais, voyez comme l'industrie et le commerce réparent vite leurs pertes dans ce pays. Depuis vingt ans que ce désastre a eu lieu, les fabriques se sont relevées plus solides, plus nombreuses et plus florissantes que jamais. A présent vous chercheriez vainement des yeux la place de ces ruines qui ont coûté tant de larmes.

Si la gloire du monde s'efface vite, n'est-il pas vrai aussi que peine passée n'est plus que songe?

MONVILLE.

L'ancien *moûtier* de Monville fut donné, en 1030, à l'abbaye de la Trinité-du-Mont-de-Rouen, par Gosselin, vicomte d'Arques. C'est de ce monastère qu'il passa à la Chartreuse de Bourbon-lès-Gaillon. L'église actuelle conserve de ce temps un mur en tuf qui fit partie de l'ancien clocher. Le XVIe siècle a laissé inachevé cet édifice qu'il se proposait de renouveler. Toutefois il a complété le chœur et il a laissé dans ses sept fenêtres des verrières dont la couleur se flétrit, mais dont le dessin conserve toute son originalité.

En 1838, la nef de l'église de Monville a été agrandie et renouvelée. On lui a donné trois nefs, et la construction nouvelle n'est pas indigne de l'ancienne.

Dans le vieux porche qui vient de disparaître, se lisait une longue inscription sur pierre qui indiquait peut-être la place d'une sépulture du XVe siècle. Cette pierre, qui a été transportée à la porte de la sacristie, est l'inscription tumulaire d'un médecin de Louis XI ou de Charles VIII.

Toutefois il y a à Monville quelque chose de plus vieux que l'église. En 1817, on y trouva des monnaies romaines, de la poterie rouge, des restes de marbre et un beau vase de cuivre contenant des os brûlés.

En 1822 et en 1838 on y a reconnu sur plusieurs points des cercueils de pierre qui paraissent francs.

Enfin en 1847, lorsqu'on pratiquait les larges tranchées dans lesquelles nous voguons maintenant à toute vapeur, on trouva, à la côte d'Eslettes, un ancien cimetière romain du bas empire et mérovingien des premiers temps. La principale découverte consista en douze cercueils de pierre de Saint-Leu, avec des vases, des armes, des ornements et des médailles d'Adrien et de Maximin. La plupart de ces objets ont été déposés au Musée de Rouen.

Un peu plus loin, toujours dans la même tranchée, sur le territoire d'Anceaumeville, on a extrait, en 1850, deux cercueils de pierre de l'époque carlovingienne. C'est donc sur la poussière de l'homme que glissent ces convois destinés à doubler l'activité humaine !

CLÈRES.

De Monville on arrive à Clères en remontant toujours le cours de *la Cailly*. La vallée se dégage des brouillards et de la fumée des usines. Au mouvement de l'industrie a succédé le silence des champs et des bois. Les troupeaux remplacent les hommes, et la nature reprend ses droits sur la civilisation. Les énormes coupures que le chemin de fer a pratiquées dans le flanc des collines nous empêchent de jouir constamment de la beauté du paysage, mais cette privation même nous ménage des aspects agréables et inattendus.

Après avoir laissé à nos pieds l'humble chapelle du Tot, qui rappelle les ermitages de la Thébaïde, nous apercevons la flèche de l'église de Clères, modeste édifice habillé à la moderne depuis 1823, mais dont les racines en tuf remontent jusqu'au xie siècle. Ce que cette église possède de plus curieux, c'est une chapelle du xvie siècle, qui fut autrefois le splendide oratoire des châtelains; mais qui, de nos jours, est devenue une resserre et un dépôt de vieilles statues. Il y a tant d'images dans ce petit musée ecclésiologique, qu'on pourrait y faire un cours d'iconographie chrétienne.

Le principal, disons mieux, le seul ornement du bourg de Clères, c'est le vieux château qu'une profonde tranchée dérobe, malheureusement à nos regards.

C'est aussi toute son histoire. Le peuple raconte que Henri IV y coucha pendant ses guerres. Rien de plus naturel, car le Béarnais a couché dans presque tous les villages de la Haute-Normandie. Ce pays était si terriblement ligueur qu'il lui fallut en faire le siége et le prendre d'assaut, pour ainsi dire. Les journées de Rouen, de Caudebec, d'Yvetot, d'Arques et d'Aumale marqueront en lettres rouges dans la vie du vainqueur de Mayenne.

Par une fatalité singulière, le château de Clères, occupé un jour par le démolisseur de la Ligue, échut plus tard aux descendants du chef de la ligue cauchoise. La famille de Fontaine-Martel posséda la terre de Clères en 1630, par le mariage d'un sire de Fontaine avec Marie de Clères. Plus tard, Louis XIV, encore enfant, érigea cette baronnie en marquisat par lettres-patentes de 1651.

On a dit que dans la galerie se trouvait jadis le portrait du fameux Fontaine-Martel, le prince des ligueurs cauchois. J'aurais été curieux de le voir en face du père des Bourbons. Le temps rapproche tant de choses et réconcilie tant d'ennemis !

Dans le vieux castel subsistait naguère une jolie chambre peinte, dorée, pavée et lambrissée dans le style le plus gracieux du XVIe siècle. Nous ne savons si cette salle aura été conservée dans le château renouvelé.

Hier nous recommandions le château de Clères aux

peintres et aux paysagistes. Ses hautes fenêtres découpées dans le style gothique, ses vieux escaliers serpentant dans cette demeure abandonnée, ses antiques galeries suspendues l'une sur l'autre, ses murs en ruine, ses lierres touffus, ses arbres verdoyants, cette nature vivante à côté d'un monument qui se mourait, tout cela était plein d'une poésie rêveuse, mélancolique et chevaleresque. — Mais aujourd'hui il n'en est plus ainsi. M. le comte de Béarn, sénateur et propriétaire de la terre de Clères, a entrepris de rajeunir ce château. Depuis deux ans, il est pleinement transformé, et il nous apparaît comme une splendide création de la Renaissance qui viendrait de naître. Ce monument, naguère désert, est aujourd'hui très animé, et au froid de la mort qui envahissait ces ruines depuis des siècles s'est substitué le bruit d'une vie nouvelle.

ORMESNIL. — LŒILLY. — ETAIMPUIS.

Bientôt nous aurons atteint le point le plus élevé de notre excursion. Nous traverserons la ligne que les géologues appellent le *partage des eaux*. D'un côté est le versant de la Seine, de l'autre celui de l'Océan. Dorénavant nous descendrons à la mer par une pente insensible, et pour y arriver nous n'aurons plus qu'à nous laisser aller à la dérive. Il n'y aura désormais qu'à suivre les bords enchanteurs de la Scie, dont la vallée semble préparée tout exprès pour recevoir une grande voie ferrée.

Pendant quelques minutes encore nous resterons encaissés dans une tranchée profonde comme un tombeau. Quels puissants travaux il a fallu pour couper ainsi sur une longueur de six kilomètres une couche de brèche de plus de trente mètres d'épaisseur ! Ici est Ormesnil, où vous chercheriez en vain la trace du temple que vivifiait naguère la population. Là est Lœilly, petit village dont les révolutions ont dévoré jusqu'à la dernière pierre de l'église. Plus loin, c'est Etaimpuis, dont l'église, ruinée pendant cinquante ans, et relevée, en 1855, par le zèle des habitants, fut donnée primitivement par les Mortemer à l'abbaye de Saint-Victor qui va nous apparaître. Quelle différence entre le xie siècle et le nôtre. Dans les moindres villages il plantait de belles et solides églises : le nôtre, hélas ! les renverse ou les voit tomber avec indifférence.

Etaimpuis pourtant depuis quelques années a fait exception. Mais ce village, aujourd'hui si catholique, dut posséder quelques réformés au xvie ou au xviie siècle. En 1858, en démolissant une vieille maison de cette commune, des ouvriers ont trouvé, caché dans la mortaise d'une des poutres principales, un volume de 1560 contenant les *Psaumes de David, mis en rimes françoises* par Clément Marot et Théodore de Bèze, et la *forme des Prières ecclésiastiques, avec la manière d'administrer les sacrements et célébrer le mariage et la visitation des malades.* Cette cachette date-t-elle de 1562, de 1572 ou de 1685? Nous ne saurions le dire, mais il est probable qu'elle remonte au xvie siècle.

Des ravines d'Etaimpuis, près de la tranchée où nous sommes, jaillit de temps à autre une source mystérieuse que l'on appelle la *Cache-Fétu*, et qui n'est autre qu'une seconde source de la Scie.

C'est probablement à Etaimpuis ou dans les environs qu'aura lieu l'embranchement du chemin de fer d'Amiens au Havre, dont les travaux sont déjà en cours d'exécution dans le bourg du Bosc-le-Hard.

SAINT-VICTOR-L'ABBAYE.

Saluons ici la statue du Conquérant, de ce rude Guillaume qui a aimé cette église parce qu'elle était dédiée au patron des guerriers chrétiens. Guillaume, si heureux dans ses guerres, avait placé sur un des points les plus élevés de la Normandie la châsse d'un saint dont le nom

Statue de pierre du XIIIe siècle, dite de Guillaume-le-Conquérant, autour du chœur de l'église de Saint-Victor-l'Abbaye.

seul rappelait une victoire. Aussi le pays tout entier a conservé souvenir du grand homme et du grand saint. L'image du duc-roi, vieille statue du xiv⁰ siècle, maintenant honorablement placée au côté méridional du chœur, garda longtemps le seuil du temple du saint patron de Marseille, comme nous l'apprend une inscription latine composée sans doute par l'abbé Terrisse :

Anglia victorem, dominum quem Neustria sensit,
Limina Victoris servat amica sui.

Le conquérant de l'Angleterre fut le premier pèlerin à ces reliques où tant d'autres sont venus depuis et viennent chaque jour encore. Car l'abbaye fondée par les Mortemer, visitée par les rois et les prélats, illustrée par les abbés Terrisse et de Circassis, est tombée sous la main du temps, tandis que la poussière du pauvre soldat de Marseille est restée sur les autels. Les murs qui fermaient le bourg sont démantelés, le château des Mortemer a été rasé, les fossés ont été comblés, les mottes détruites, le cloître a fait silence, il ne reste plus des anciens temps que quelques colonnes dans l'église et une jolie salle capitulaire qui sert de bûcher. Quel malheur de profaner ainsi un bijou du style ogival primitif ! Un marché, une halle, des maisons neuves et commodes couronnent la pointe du coteau et remplacent la rude enceinte des temps passés.

Dans l'église, en partie renouvelée en 1755, il restait un charmant encadrement de pierre du xvii⁰ siècle. La Révolution avait brisé l'inscription latine qui gardait le souvenir d'un abbé. En 1864, nous avons pu combler le vide fait par les iconoclastes de 1793 et placer dans le vieil encadrement le souvenir rajeuni des abbés Terrisso et de Circassis, les deux plus grandes notabilités de cet humble monastère.

La Scie, que nous suivons désormais, semble sortir du mamelon même de Saint-Victor, dans une prairie qui touche à l'embarcadère, là où est bâtie la ferme *du Breuil*. Si vous interrogez le laboureur qui cultive cette métairie et les *Champs de la Rivière*, il vous dira qu'à chaque instant sa charrue heurte contre des maisons disparues; qu'elle ramène sans cesse à la surface des monnaies mystérieuses à l'effigie des rois qui ne sont plus. C'est, ajoute-t-il, le cadavre de la vieille cité de Forteville qu'il talonne ainsi dans son tombeau. Ce sont ses ossements qu'il remue sans fin dans ces champs couverts de moissons; ossements antiques, cadavres romains dont l'antiquaire reconnaît partout les restes, vestiges parlants des anciennes ferrières, de ces forges gallo-romaines qui couvrirent le pays pendant tant de siècles, usines séculaires dont les derniers feux ne sont éteints que depuis deux cents ans.

SAINT-MACLOU-DE-FOLLEVILLE.

Nous touchons presque avec la main à une église isolée assise sur le penchant d'une colline où se groupent à peine quelques métairies. C'est l'église de Saint-Maclou-de-Folleville, dédiée au saint apôtre de la Bretagne armoricaine. Cette position solitaire convient à un ermite qui a vécu longtemps sur les rochers d'Aleth (aujourd'hui Saint-Malo). Peut-être le bon pèlerin apostolique est-il venu jusque dans ces contrées annoncer la bonne nouvelle de l'Evangile. Dans ce cas, on serait tenté de croire que c'est là la chapelle de son ermitage.

Cette église appartenait au monastère dont elle était voisine et contemporaine. On y trouve quelques bons tableaux, une chaire élégante, un joli banc seigneurial, restes et souvenirs des de Giffart, de La Pierre, dont vous voyez le vieux manoir de brique rouge sur la colline opposée.

Ce castel du XVIe siècle mériterait de tomber entre des mains intelligentes qui le restaureraient avec goût et en feraient une habitation charmante. On raconte, à propos des sires de Giffart, qu'un de ces gentilshommes d'épée, revenant dans ses foyers après la guerre de Sept-Ans, entra à Rouen le soir, à la tête d'une poignée de cavaliers, ses compagnons d'armes. Jeunes et accoutumés au sans-gêne des camps, ils s'avisèrent d'abattre tous les réverbères de la ville (1), qu'ils plongèrent ainsi dans l'obscurité la plus complète. Traduits devant le Parlement pour ce méfait, les coupables furent condamnés à la réprimande et à l'amende.

Il y a une trentaine d'années, on voyait encore, dans une des salles du château, sous une caisse vitrée, toute la compagnie du sire Giffart, représentée avec armes et bagages par de petits bonshommes de carton. Au bas de chaque personnage, on lisait un nom qui très souvent était allemand, ce qui prouve que ces batailleurs de profession étaient des Suisses ou des Allemands au service de la France.

Tout près de ce château, et presque dans ses avenues, se trouvait autrefois le prieuré conventuel de Saint-Thomas-sur-Scie dépendant de l'abbaye de Saint-Victor. Eudes Rigaud en fait mention, au XIIIe siècle, dans le *Journal de ses Visites pastorales*. Un des derniers titulaires de ce modeste bénéfice fut messire Jean Leprovost qui, en 1624, devint chanoine de Rouen, et fut en Normandie un des hommes les plus érudits de son siècle. « *Vir eruditus et frugi.* »

(1) Les réverbères devaient consister alors en des chandelles placées dans des lanternes.

En contemplant l'aspect plus que modeste de ce prieuré devenu depuis 1790 une simple maison de fermier, on n'imaginerait pas qu'il y a cent ans à peine, il était, entre ecclésiastiques, le motif d'une lutte acharnée. De 1753 à 1755, plusieurs gros *mémoires* in-quarto furent mis au monde à son sujet. Cette querelle est pour nous l'objet d'une grande surprise et d'une médiocre édification (1).

VASSONVILLE.

Mais déjà nous sommes en vue du champêtre hameau de Vassonville. Ici la solitude est profonde et la vallée commence à s'élargir. Le paysage s'égaie et nous fait

(1) Dans l'ignorance où nous sommes des divers *factums* qui parurent alors, il nous suffira de citer la pièce de résistance de cette polémique devenue fossile. En voici le titre, qui nous paraît explicite : *Mémoire pour messire J.-B -Nic. Le Vendanger, prêtre curé de la paroisse de Saint-Victor-en-Caux, pourvu en commande du prieuré de Saint-Thomas-sur-Scie, ordre de saint Benoît, diocèse de Rouen, appelant comme d'abus*, contre : dom A.-Louis Loyauté, prestre, religieux de l'ordre de Cîteaux, curé de la paroisse d'Ardouval, pourvu par signature de la cour de Rome du même prieuré de Saint-Thomas-sur-Scie. — Rouen, J.-J. Le Boullenger, s. d., 1753, in-4º de 43 p.

pressentir toute la richesse des bords que nous allons parcourir. La petite église qui se cache à notre gauche dans des massifs d'arbres, dépendait de l'abbaye de Saint-Victor à laquelle elle fut donnée par les anciens châtelains de ce bourg, les sires de Mortemer. La nef fut rebâtie et consacrée le 12 juin 1512 ; mais le chœur, qui est plus ancien, renferme un souvenir que nous devons évoquer ici. C'est dans cet humble sanctuaire que fut inhumé, le 24 août 1775, le bon abbé Fontaine, curé de la paroisse, membre de l'Académie de Rouen, qui réjouit longtemps ce corps savant par une spirituelle traduction des Odes d'Horace. Les Grecs et les Romains faisaient tout le bonheur de la France littéraire du dernier siècle.

Les rives de la Scie ont de tout temps inspiré les poètes, car de nos jours un académicien qui habita longtemps et qui vient de mourir sur les bords de cette modeste rivière, a fait pendant vingt ans, par des fables gracieuses, les délices de nos séances publiques. Au xviie siècle, un moine de l'abbaye de Saint-Victor mit en vers la vie de ce saint patron du monastère. Aussi, on pourrait appeler cette modeste rivière l'Hypocrène de la Normandie. Les Muses n'ont pas dédaigné d'habiter ses frais ombrages, comme au temps où elles fréquentaient le Pinde et la vallée de Tempé,

..... *Non erubuit silvas habitare Thalia.*

SAINT-DENIS-SUR-SCIE.

Avant d'arriver à Auffay, nous franchissons une verte prairie tout ombragée de peupliers, dans laquelle fut assise la petite église de Saint-Denis-sur-Scie. Possédée par les châtelains d'Auffay, elle fut donnée par eux à la collégiale qu'ils avaient fondée. Dans l'appareil des murs, on voit encore quelques pierres tuffeuses qui restent comme les témoins de cette donation. Malheureusement, l'administration de cette église rustique a cru devoir se délivrer des bas-reliefs en albâtre du xve siècle, qui représentaient la Passion du Sauveur. Ils provenaient, selon toute vraisemblance, d'un rétable détruit par la révolution liturgique du xviiie siècle. Vendus à un brocanteur, ils ont été acquis par le Musée de Rouen où ils sont aujourd'hui. Si cette manie continue, il faudra aller étudier l'art chrétien et la liturgie ecclésiastique dans les profanes collections de l'archéologie.

—

AUFFAY.

Nous entrons dans le bourg d'Auffay que la haute flèche de son église annonce, depuis un moment, d'une façon solennelle. Vers le xie siècle, ce vieux bourg changea son nom primitif d'Isnelville pour celui d'Auffay qui vient évidemment des hêtres élevés et touffus (Altafagus, Alti-fagus) dont vous pouvez admirer encore la beauté et la fraîcheur. Auffay est une ancienne commune à laquelle l'industrie et le commerce méritèrent son affranchissement, quand le prodigue Jean-sans-Terre vendait par morceaux la couronne de ses ancêtres. Moins heureuse que la Picardie et la Flandre, la Normandie posséda peu de communes au Moyen-Age, et encore le petit nombre qu'elle sut conquérir fut bientôt confisqué par les rois de France. Nous savons d'une manière certaine, et à n'en pas douter, que Rouen, Dieppe, Fécamp, Harfleur, Montivilliers, Lillebonne, Eu, Caudebec, Aumale, Arques et Auffay possédèrent leurs franchises communales, mais ce furent des fleurs éphémères qui se fanèrent presque avant d'éclore.

Auffay, rendu à la vie communale par la Révolution, prend une physionomie nouvelle depuis la création du chemin de fer. Il est appelé à un brillant avenir; ses tanneries, célèbres depuis des siècles, verront accroître leur antique prospérité. La halle et le marché d'Auffay deviendront l'un des meilleurs entrepôts de ce pays agricole. Et déjà, pendant que nous stationnons, vous pouvez voir sur votre gauche une magnifique raffinerie de sucre de betterave construite en 1853, prémices, nous l'espérons, de beaucoup d'autres établissements industriels.

Ce qui vivifiait Auffay autrefois, c'était son château et son prieuré. Tous deux sont frappés de mort. Une génération nouvelle a germé sur leur cendre. Le château a fait son temps, rien ne le relèvera de ses ruines. Ses vieux fossés demeureront pour attester son enceinte. La motte, sur laquelle on a bâti un pavillon, restera pour indiquer la place du donjon. Des bruits de guerre retentissaient encore il y a trois siècles autour de cette forteresse anéantie. Le royaliste de Chattes vint s'y mesurer avec le ligueur Lavallée-Meynet. Le 24 juin 1589, il y avait un assaut et une bataille : le bourg, l'église et le château furent pris et pillés. Les Dieppois, vainqueurs, se partagèrent les drapeaux dans la citadelle. Paix à la cendre des guerriers qui tombèrent victimes de nos discordes civiles et religieuses !

Le prieuré a suivi le château dans la tombe. Fondé au xie siècle par Gilbert et Richard d'Auffay, il fut donné par eux aux moines de Saint-Evrould. Aussi Orderic Vital, le célèbre chroniqueur anglo-normand, lui accorde-t-il, dans son *Histoire ecclésiastique*, des pages qu'il refuse à des villes et à des provinces entières. Visité par saint Louis, Charles-le-Téméraire et Henri IV, il n'a pas survécu aux ravages de la Ligue, et la Révolution l'a trouvé plus qu'agonisant. Depuis longtemps, Auffay n'a pas vu un seul moine, et l'habitation du prieur est devenue ce blanc presbytère que l'on aperçoit à travers les bosquets du jardin.

De tout son passé, Auffay n'a gardé que sa grande et belle église, le plus beau et presque le seul monument que l'on trouve sur la route de Rouen à Dieppe.

Le plus bel aspect de l'église n'est pas le portail que nous voyons s'élever, à notre droite, au-dessus des maisons du bourg. Malgré la rose qui le décore, malgré les tourelles qui l'accompagnent, sa vue est froide comme le grès qui la compose, comme le style bâtard qui a présidé à sa construction. Ce portail, destiné à réparer le désastre des guerres, fut construit sous Henri IV et Louis XIII, au temps de la plus grande décadence de l'art.

Le plus beau point de vue de l'église d'Auffay est celui que présente le côté méridional, réparé en 1845, aux frais du gouvernement. Cette partie de l'édifice paraît neuve, tant elle a été restaurée avec goût ; mais cette église a deux faces, car le côté nord menace ruine.

La nef d'Auffay est admirable, à l'intérieur, par son élévation. Les voûtes lui ont longtemps manqué ; longtemps nous avons contemplé un plafond de charpente qui fut improvisé au XVe siècle, après l'incendie de 1472, par le Bourguignon Charles-le-Téméraire. Naguère encore on lisait sur une des poutres de cette vieille boiserie :

« L'an mil CCCCLX et XIII fût faicte
« La carpenterie de cette nef. »

En 1858 et en 1859, un grand zèle de la maison de Dieu s'est emparé du clergé et des habitants d'Auffay. Par un effort suprême qui fut aidé par le gouvernement et par le département, ils ont dépensé près de 30,000 fr. pour voûter avec des briques de plâtre la nef et les collatéraux, le transept et la chapelle de la Sainte-Vierge. Si l'exécution de ce travail fait honneur à M. Barre, architecte à Rouen, il n'honore pas moins la piété des habitants d'Auffay.

Les murs de la nef sont supportés par des colonnes rondes et des arcades ogivales. Une jolie balustrade règne dans toute la longueur du vaisseau. Ce bel édifice, commencé en 1264 par ordre de l'archevêque Eudes Rigaud, fait honneur au xiiie siècle.

L'église primitive était romane et à plein-cintre : c'était celle que donnèrent les châtelains d'Auffay à l'abbaye de Saint-Evrould. On peut juger de sa forme par le clocher et les transepts qui ont survécu. Le tuf y joue un grand rôle, c'est assez dire que la rudesse en était le caractère dominant.

La partie haute de l'église n'est pas indigne de la nef. La chapelle du midi, dédiée à la Sainte-Vierge, est une belle construction du xive siècle. Celle du nord, consacrée à Notre-Dame-de-Pitié, appartient au style ramifié du xvie. Le chœur est une jolie création du temps de

Louis XII et de François Iᵉʳ. Les voûtes sont fort remarquables ; mais ce qui charme le plus dans ce sanctuaire, ce sont les vitraux qui transforment l'abside en un vaste tableau. Cette église était riche autrefois d'une belle vitrerie de couleur ; mais, hélas ! elle a vu disparaître une à une toutes ces brillantes décorations. Nous-même avons vu tomber le mystérieux arbre de Jessé. Il reste encore dans le chœur plusieurs scènes de la Passion et les patrons des donateurs, Guillaume et François de Bourbel, seigneurs du Montpinson.

La grotesque célébrité de cette église, ce sont les statuettes de l'horloge qui représentent deux gros paysans fumant une pipe et frappant alternativement sur la cloche des heures, comme deux forgerons sur une enclume. Ces deux bouffons personnages sont appelés *Auzou Bénard* et *Paquet Sivière*, et leurs noms sont plus populaires dans le pays que ceux d'Alexandre et de César. Pour le voyageur qui aura visité la Flandre et la Bourgogne, ces deux magots lui rappelleront beaucoup Jacquemart et sa femme qui frappent les heures à Notre-Dame-de-Dijon, Martin et Martine qui sonnent à l'Hôtel-de-Ville de Cambrai. Il paraît, du reste, que cette coutume de bonshommes frappant les heures est très-répandue dans les villes de la Belgique et du nord de la France. — Toutefois, nous regardons les pipes d'Auffay comme un des plus vieux monuments de l'usage du tabac dans nos contrées. Aussi les fumeurs leur doivent-ils un souvenir.

Que l'artiste et l'archéologue s'arrêtent à Auffay pour visiter l'église, et nous leur garantissons qu'ils n'auront point à s'en repentir. Ils trouveront un grand corps dont quelques membres sont encore malades ; mais qu'ils se souviennent que les mains de notre siècle sont trop faibles pour soutenir ce poids d'églises dont la piété de nos pères a chargé le sol de la patrie.

—

HEUGLEVILLE-SUR-SCIE. — GONNEVILLE.

En sortant d'Auffay, vous apercevez, sur votre droite, au milieu de belles avenues de tilleuls, le château des Guerrots. Saluez dans ce château Louis XV la paisible demeure où mourut, le 3 juin 1857, le Florian de la Normandie. M. Lefilleul des Guerrots, qui nous a laissé un charmant recueil de fables, n'était pas seulement un littérateur de mérite et un poète ingénieux : c'était aussi un amateur éclairé des arts, et sa maison renfermait alors un choix de gravures des meilleurs maîtres et des plus belles épreuves; aucune œuvre médiocre ne trouvait place dans cette collection d'élite.

Rien de plus frais, aux beaux jours d'été, que cette

vallée de la Scie dont les coteaux sont couverts d'épaisses futaies qui forment la ceinture de nos châteaux modernes. Entre deux abbayes, entre deux puissantes forteresses, les sires de Bourbel assirent autrefois l'église de Heugleville qui semble un oratoire destiné à reposer le moine ou le châtelain. Cette famille des Bourbel, vieille comme les rochers de la Normandie, habitait le château du Montpinson que vous voyez sur votre gauche et qui, du haut de sa colline, commande fièrement la vallée. L'ancien manoir, flanqué de tours et de bastions, placé à la base du coteau, était plus poétique et plus pittoresque que le prosaïque pavillon d'aujourd'hui.

Un peu au-dessous du château du Montpinson, nous traversons une profonde tranchée qui coupe la base d'un coteau ; au-dessus de cette côte est le village de Gonneville, dont l'église, construite en grande partie en 1559, renferme une *chapelle de la Passion* élevée par une famille Masse, comme un témoignage de sa douleur. Aussi, sur ces grès du XVIe siècle, on voit, à côté des armes de cette maison, un cœur percé d'une flèche. Trois membres de cette famille infortunée, le père et ses deux fils reposent dans le chœur, sous une curieuse pierre tombale qui reproduit leurs trois images, mains jointes et têtes nues.

Dans cette modeste église de Gonneville fut baptisé,

en 1682, Adrien Larchevesque, médecin savant et célèbre, qui fut élève de Winslow, et qui mourut en 1746, laissant une bibliothèque de 12,000 volumes. Il était né de parents pauvres, et avait été élevé au séminaire de Rouen, aux frais de l'archevêque Nicolas Colbert. Malheureusement il devint janséniste aussi, les *Nouvelles ecclésiastiques* lui ont-elles consacré un article.

Sur la rive droite, au-dessus de la colline, à travers un massif d'arbres, s'élance le clocher champêtre de Notre-Dame-du-Parc, seul débris d'un temple rustique qui tombe en ruines, et près duquel se signe toujours l'homme des champs qui fréquente ce sentier. Un peu plus loin est le château de Montigny, dont les hêtres épais et touffus nous cachent la moderne structure. Là repose un chancelier de France, celui-là même qui contresigna la charte de Louis XVIII. Depuis 1829, il dort à l'ombre d'une église de campagne, mais le souvenir de ses vertus vit toujours dans le cœur des villageois.

C'est que la famille Dambray est la providence de ce pays. C'est elle qui a conservé la petite chapelle de Saint-Crespin, que nous laissons sur notre gauche, modeste sanctuaire entouré d'une haie d'aubépines et fraîchement assis sur un tapis de verdure. De là, nous apercevons le château de Longueville, dont la masse ruineuse pèse encore sur la colline de tout son poids séculaire.

Salut à l'antique demeure des Giffard de Buckingham, des Lemareschal de Pembrocke, des Duguesclin, de Dunois et de la duchesse de Longueville!

—

LONGUEVILLE.

« Il n'y a pas vingt ans, écrivait M. Vitet, en 1832, le château de Longueville pouvait passer pour le rival du château d'Arques : son enceinte, il est vrai, était encore plus dégradée ; mais je me souviens du bel effet que produisait une énorme tour déchirée par de profondes crevasses, debout au milieu des débris écroulés autour d'elle, et dominant avec majesté, du haut de ses grands fossés, toute l'étendue du vallon. Moins heureuses que celles du château d'Arques, ces ruines sont tombées dans des mains profanes qui les ont rasées jusqu'au sol ; la belle tour a été transportée pièce à pièce dans la vallée, et convertie en granges et en moulins !

« Ce château de Longueville méritait pourtant un meilleur sort : sans parler des souvenirs de la Fronde, les noms les plus illustres de notre histoire s'étaient gravés sur ses antiques murailles : Charles V en avait fait don, en 1364, au célèbre connétable Duguesclin, et dans le siècle suivant, en 1443, il avait été donné par Charles VII au bâtard d'Orléans, comte de Dunois (1). Ainsi deux fois il était devenu comme une récompense nationale offerte à deux guerriers si utiles à la France, si redoutables à ses ennemis. La fondation de ce château remontait, comme celle du château d'Arques, au xie siècle, et il était construit à peu près dans le même système de

(1) Charles V donna le comté de Longueville à Bertrand Duguesclin, devenu maréchal de Normandie, en récompense de ses hauts services, notamment de la bataille de Cocherel, gagnée en 1364 sur les Navarrais. Charles V avait confisqué ce domaine, et Duguesclin se chargeait de chasser les Navarrais de Longueville. Après la mort du grand connétable, devant Château-Randon, en 1380, Olivier Duguesclin devint comte de Longueville.—En 1406, la terre de Longueville passa aux Montmorency-Laval. — En 1449, des lettres patentes octroyèrent ce beau domaine à Jean Bâtard d'Orléans, comte de Dunois. En 1468, nous voyons figurer François de Dunois-Longueville comme comte de Dunois, de Longueville et de Tancarville et comme connétable hérédital de Normandie. En 1505, Louis XII unit la baronnie d'Auffay au comté de Longueville et en fit un duché. — Le dernier des Orléans comte de Dunois et comte de Longueville, est mort abbé en 1694, et fut inhumé dans l'abbaye de Saint-Georges-de-Boscherville. Ce domaine alors fit retour à la couronne. Voir le Père Anselme, *Histoire de la Maison de France et des grands officiers de la couronne*, t. 1er, p. 212, et t. v, p. 532.

maçonnerie et d'architecture. Son fondateur fut un des compagnons de Guillaume-le-Conquérant, Gautier Giffard, lequel reçut pour sa part du butin le comté de Buckingham, et devint ainsi, dans les deux pays, le premier du nom des deux illustres maisons. »

Une chose que M. Vitet ne dit pas, mais que M. Barabé nous a apprise, c'est que pendant fort longtemps on a vu, placées à l'entrée du château de Longueville et comme destinées à en garder les portes, les deux statues de Dunois et de Duguesclin. Nous ne savons ce qu'elles sont devenues ni à quelle époque elles sont tombées; mais il ne me paraît pas impossible que les débris de ces grandes et nobles images ne soient ensevelis sous ces masses de décombres, entassés dans les fossés du château.

Le château ne consiste guère aujourd'hui que dans une vaste enceinte de murailles, bosselée de tours rondes ou carrées. Çà et là, on y remarque des parties en tuf du xie siècle; mais la majeure partie de l'appareil est en grès du xvie siècle, en brique rouge du xve et en silex de tous les temps. Il en est à peu près de même à Arques et à Valmont (1).

(1) En 1460, on fit venir de Rouen à Valmont Jehan Mallet, « plastrier ouvrier de asseyr bricque. » D'Estaintot, *Mém. de la Soc. des Antiq. de Norm.*, t. xxiv, p. 410.

Pendant que je vous raconte les ruines du château de Longueville, — que Châteaubriand visitait encore en juillet 1847, juste un an avant sa mort, — notre locomotive s'est arrêtée à l'avant-dernière station du chemin de fer de Dieppe. A droite et à gauche, vous voyez une clôture de murailles, une grande porte qui annonce une entrée jadis solennelle; vous demandez ce que c'est. Nous sommes dans l'enceinte de l'ancienne abbaye de Longueville, dont voici le monastère transformé en filature. L'embarcadère occupe presque la place de l'église.

Arrêtons-nous, car nous foulons aux pieds les cendres des héros. Dans cette prairie, la Révolution a semé la poussière du fameux Gautier Giffard, comte de Buckingham et de Longueville, l'un des plus braves Normands de la conquête. Ce vaillant homme était mort en Angleterre, le 15 juillet 1102; mais par acte de sa volonté dernière, il avait demandé à être rapporté dans sa chère abbaye de Longueville, qu'au jour de sa fondation il avait dotée de sept cents livres de revenu pour douze moines bénédictins de l'ordre de Cluny. Son cénotaphe en pierre se voyait au bas de la nef, au côté gauche du grand portail. Sur un mur orné de peintures à fresque, on avait écrit une splendide épitaphe véritablement digne de ses bienfaits. A côté de lui étaient couchés Agnès de Ribemont, son épouse, et Gautier Giffard, son fils. L'humilité de ces grands hommes relevait encore l'éclat de leurs vertus.

La construction de l'église prieurale de Sainte-Foy de Longueville avait eu lieu en 1093, et sept cents ans plus tard, elle croulait sous le marteau des démolisseurs. A l'époque de la Révolution, il n'y avait plus que cinq religieux qui n'ont pas fait regretter leur mémoire. Après leur départ, un funeste anathème pesa sur la maison tout entière. Elle fut livrée à un pillage universel ; vitraux, boiseries, bas-reliefs, statues, colonnes, livres et manuscrits, tout disparut comme dans un abîme. On détruisit par enchantement un édifice qui ferait aujourd'hui la gloire de Longueville.

Un archéologue d'Agen, M. l'abbé Barrère, nous écrivait, en 1850, pour nous demander ce qu'étaient devenus des bas-reliefs en pierre de l'école romane qui, dans la vieille abbaye de Sainte-Foy de Longueville, représentaient et la sainte martyre de l'Agenais et la vie de saint Caprais, le premier évêque de cette contrée. Un vieux manuscrit lui avait appris l'existence de ce monument historique dont notre pays a perdu jusqu'au souvenir. M. l'abbé Barrère fera bien de conserver précieusement son document écrit, car notre document lapidaire paraît avoir disparu pour toujours.

Sous le sanctuaire étaient des caveaux où la mort

fit descendre les Masquerel d'Hermanville, les Louvel du Mesnil, les Maillard de Lamberville et les Vauquelin du Bec. Eh bien ! tous ces cercueils furent brisés et enlevés en 1816, lorsqu'on fit couler dans l'enclos un bras de la Scie pour tourner la roue d'une usine. Sépultures et fondements disparurent alors. L'herbe fut impuissante pour les cacher.

Si vous voulez savoir ce que sont devenues les dalles tumulaires qui protégeaient les prieurs, les châtelains et les bienfaiteurs du monastère, allez dans l'église paroissiale, où quelques-unes ont trouvé un refuge ; allez dans le Musée de Rouen, où M. Deville a recueilli deux chevaliers du xive siècle, en les rachetant des mains des maçons et des épiciers. Récemment encore, notre savant ami a été assez heureux pour sauver du naufrage la pierre tombale de Drogon de Trubleville, chanoine de Rouen et protecteur des arts au xiie siècle. Cet homme généreux, qui avait donné à la métropole la belle châsse de saint Sever, qui avait enrichi l'abbaye de Longueville, avait voulu dormir dans le cloître de cette maison qu'il avait beaucoup aimée. On croyait sa tombe perdue pour toujours, lorsqu'en septembre 1847, M. Deville la découvrit dans la maison d'un épicier, dont elle formait le balcon. Il acheta cent francs ce dernier souvenir d'un homme de bien.

Naguère celui qui eut pris la peine de parcourir les maisons du village et d'interroger le seuil des portes, eût trouvé devant les cafés et les boutiques des pierres tombales entières ou sciées par morceaux. Devant une pharmacie, j'ai lu longtemps ces deux mots :

« Cy gist damoiselle Isabel.., »

Voilà pourtant tout ce qui restait d'Isabelle d'Eu, comtesse de Longueville, épouse de Geoffroy Martel, châtelain de Longueil, gouverneur de Pontoise, tombé à la bataille de Poitiers. Pauvre châtelaine, elle croyait qu'une vie toute de bienfaits suffisait pour lui assurer, du moins, la jouissance de son tombeau. Hélas! elle ne savait pas que le temps dévore jusqu'à la pierre ; la vertu seule survit à la mort.

Comme on le voit, la pauvre abbaye de Longueville a été détruite pièce par pièce. Toutes les maisons du village ont été bâties avec ses démolitions. La même chose s'est vue à Saint-Wandrille. Autrefois, les moines de Fontenelle bâtirent leur premier monastère avec les pierres tuffeuses du théâtre de Lillebonne. En 1583, les Minimes de Dieppe élevèrent leur église avec les matériaux du vieux château de Hautot-sur-Mer, et maintenant les industriels du XIXe siècle bâtissent leurs usines avec la pierre des monastères ; ainsi donc tout passe dans ce monde, les châteaux comme les abbayes! Le vent du siècle est à l'industrie ; eh bien ! c'est avec les pierres des donjons que l'on fait des fabriques et des manufactures ; ainsi la face de la terre se renouvelle sans cesse, car ici-bas rien ne se lève que pour tomber, rien ne vit que pour mourir.

—

Vaudreville. — Dénestanville. — Crosville. — Anneville.

En sortant de Longueville, nous laissons à côté de nous une filature qui a succédé à la petite église de Notre-Dame-de-Vaudreville. L'image placée sur la porte attirait la vénération des peuples. Là était un hôpital fondé par le châtelain de Longueville, dont on a perdu jusqu'au souvenir. Le cintre en grès, qui sert de principale entrée à la filature, est l'ancien portail de l'église de Saint-Ouen-Prend-en-Bourse, brûlée et démolie en 1798. Il est donc vrai que rien ne se perd.

Nous passons près d'une tranchée profonde où l'on a découvert un banc de tuf, vieux calcaire qui servit autrefois à construire toutes nos églises du xie siècle.

Au point où nous sommes, nous franchissons la plus belle portion de la vallée de la Scie. Rien de plus champêtre, rien de plus varié que ces quatre villages que nous allons traverser à toute vapeur. Ces modestes églises, avec leurs flèches d'ardoise, semblent placées tout exprès pour égayer ce paysage. Ici, c'est Dénestanville, dont l'église renferme quelques pierres seigneuriales. La châtellenie s'appuyait sur une vieille forteresse placée aux bords de la Scie et dont on découvre chaque jour jusqu'aux fondements. Parmi les débris qui se sont fait jour, j'ai reconnu des traces du x⁰ siècle. Nous recommandons aux artistes le baptistère de l'église de Dénestanville. C'est un joli morceau de la Renaissance digne de figurer dans un musée.

Dénestanville, mort comme paroisse depuis la Révolution, pourra bien un de ces jours sortir de ses ruines. Voyez-vous s'élever autour de l'église cette usine avec ses magasins et ses ateliers. C'est tout un village. Ceci est l'avenir de Dénestaville et un des premiers bienfaits de cette voie ferrée sur laquelle nous glissons. Ces colons de l'industrie qui se groupent ici n'auront rien de plus pressé que de rouvrir l'église, car, sans elle, tout serait muet autour d'eux.

Plus loin, c'est Crosville, au milieu d'un riant bocage, sur le bord d'un grand chemin. Cette humble chapelle anime par sa présence les chaumières d'alentour. Les religieux de Saint-Ouen de Rouen en étaient les seigneurs-patrons. Ou trouve encore dans l'église la tombe du receveur de l'abbaye. Puis, voici l'église d'Anneville, si proprement tenue par ses curés. Ici, nous trouvons saint Valery, l'apôtre des rivages de la mer, qui peut-être a évangélisé ces contrées. Tout à l'heure, nous allons rencontrer son disciple saint Ribert, à Charlesmesnil.

—

CHARLESMESNIL.

Cette fontaine entourée de murailles et surmontée d'une croix, que vous apercevez au pied de la colline, où M. Reiset a bâti son pavillon d'Ecorchebeuf, c'est la fontaine de Saint-Ribert, visitée jour et nuit par de pauvres pèlerins. C'est là que le pieux missionnaire du VIIe siècle a baptisé les premiers chrétiens de ces contrées. Charlesmesnil, Torcy-le-Grand et Quiévrecourt, près Neufchâtel, sont les trois principaux points de la mission évangélique de ce chorévêque, et ils ont gardé tous trois les baptistères de leur premier apôtre. Sorti du monastère de Leuconaüs, aux bouches de la Somme (1), saint Ribert est venu, dit-on, mourir à Montérollier, aux sources de la Varenne.

Près de la *baignerie* de Saint-Ribert, s'éleva, en 1102, la collégiale de Charlesmesnil. Jean d'Etouteville, châ-

(1) Aujourd'hui Saint-Valery-sur-Somme.

telain de ce lieu, en fut le fondateur. Une charmante église fut construite par le pieux et puissant chevalier ; elle était garnie de vitraux, riche de cloches, de statues et d'inscriptions. La Révolution l'a tellement démolie, qu'on en chercherait en vain la place. Les maisons que vous apercevez, et qui forment le modeste hameau que nous traversons, ce sont des menses canoniales ; les demeures du doyen, du chantre, du trésorier et de l'écolâtre sont devenues des chaumières de tisserands. De toute l'église, il ne reste plus qu'un fragment de la statue de sainte Catherine, patronne de la collégiale.

Il y avait encore, à Charlesmesnil, trois ou quatre chanoines en 1790. L'un d'eux s'occupait de physique et avait une machine électrique dont le souvenir s'est conservé dans le pays. Le seul chanoine qui ait laissé un nom scientifique est M. Sanson, ami de Richard Simon, et qui nous a laissé une notice sur le célèbre oratorien, insérée dans le *Journal de Trévoux*, de 1714, et dans le *Journal de la Haie*, de 1716.

Trois pas plus loin, vous voyez dans la tranchée d'épaisses murailles ; c'est le vieux château de Charlesmesnil que nous traversons et dont la motte et la terre nous servent de viaduc. Il y a quelques années, on a déchaussé les tours de grès qui flanquaient le corps carré de cette forteresse dont le plan ressemble au vieux château de Dieppe.

Croirait-on jamais, si l'on n'en avait la preuve vivante sous les yeux, que ce castel féodal de Charlesmesnil était encore vivant et complet en 1700. C'est Gaignières qui nous révèle ce fait dans sa collection des vieux châteaux de France. On y voit celui-ci figurer dans toute sa beauté, dans toute sa majesté et dans toute son intégrité. Aujourd'hui le passant n'en soupçonne plus la place, et il faut la science de l'archéologue pour ressusciter ce preux d'entre les morts.

Voyageur qui traversez ce pays à toute vapeur, accordez un souvenir aux chevaliers qui dorment sous ces remparts, car soyez sûrs que de vaillants défenseurs sont tombés dans ces fossés lorsqu'en 1442 Talbot l'enleva aux Cauchois révoltés contre la tyrannie des Anglais. Mais que votre cœur tressaille de joie en apprenant que sur la colline boisée qui domine nos têtes, le brave général Desmarets battit, en 1415, le roi Henri V qui fuyait d'Harfleur vers Calais. Aussi, le fidèle capitaine a voulu donner au théâtre de sa victoire le nom du roi son maître, et Charles VI passe pour avoir été, par procuration, le parrain de Charlesmesnil, qui s'appelait auparavant le *Mesnil-Haquet*.

SAUQUEVILLE.

De la collégiale de Charlesmesnil à celle de Sauqueville, il n'y a qu'un pas. Le chemin de fer a traité aussi inhumainement l'une que l'autre ; il passe impitoyablement sur leurs débris, il ensevelit sous ses vastes remblais jusqu'à la place des châteaux et des monastères.

Cette pauvre collégiale, que nous regrettons encore, semble s'être retirée à propos pour faire place à ce fier enfant du xixe siècle. Elle fut démolie en 1825, non par des révolutionnaires, mais par un gentilhomme du pays qui construisit avec ses restes la filature que vous voyez à votre droite. Personne, excepté quelques pauvres paysans, n'a songé même à la protéger. Les héritiers des sires de Manneville, dont cette église était la sépulture, ont gardé un honteux silence. Là, pourtant reposent dans des caveaux, les comtes de Manneville, anciens gouverneurs de Dieppe, qui ont défendu la ville contre ses ennemis. Leurs cercueils de plomb sont ensevelis sous le rail-way ; nul n'a songé à les exhumer. Les pierres tombales de ces vaillants défenseurs du pays, de ces gouverneurs de Dieppe, de Caen et de Pontoise, gisent derrière des poulaillers, et personne ne pense à les placer honorablement dans une église (1).

(1) Le croirait-on, tandis que des roturiers, des enfants du peuple, des hommes sans nom s'occupent sans cesse de réha-

La collégiale de Sauqueville, fondée au xɪɪɪᵉ siècle par Jourdain de Sauqueville, était un fort beau monument que les peuples regrettent encore. On n'imaginerait jamais comment, en 1824, on a pu lui préférer la chétive église de Saint-Aubin, près de laquelle nous allons passer. Il est bon de raconter ici cette histoire pour l'édification de la postérité :

Les deux communes de Sauqueville et de Saint-Aubin étaient en querelle et cherchaient à maintenir chacune leur église, afin de conserver leur existence commu-

biliter le moyen-âge, de raviver les vieux souvenirs, d'honorer et de consacrer le passé, des hommes, au contraire, dont le nom et l'histoire remplissent tout ce passé, semblent le dédaigner et le mépriser profondément. Dernièrement les Mortemart, les Crillon et les d'Havaray, héritiers des sires de Manneville, ont vendu, non seulement la terre de Manneville et le manoir y attenant, mais encore jusqu'au mobilier et aux tableaux. Parmi ces derniers se trouvait un portrait de M. Asselin de Fresnelle, peint par Hyacinthe Rigaud en 1715, qui a été acheté six francs chez un fripier de Dieppe, par un amateur de cette ville. — Asselin de Fresnelle, issu d'une famille de robe, suivit la carrière diplomatique vers 1713 ; il fut attaché à la légation française qui conclut la paix d'Utrecht. Il était ami des Basnage, réfugiés célèbres, et il habitait Rouen, paroisse Saint-Godard. On possède de lui une correspondance avec Basnage, publiée en 1858-59, dans le *Précis de l'Académie de Rouen.*

nale et paroissiale tout à la fois. L'administration civile ne l'entendait pas ainsi. Elle voulait fondre ces deux sections et renoncer surtout à l'entretien de deux édifices communaux. En vain, un homme intelligent et généreux, M. Jules Delamarre, proposa de couvrir l'église à ses frais : on refusa son offrande. L'administration envoya un expert sur les lieux pour juger quelle était la plus ancienne des deux églises de Sauqueville ou de Saint-Aubin. La bureaucratie, à part tout intérêt artistique, faisait de la question d'antiquité une question de vie ou de mort. Le diplomate, chargé de de cette mission de confiance, se contenta de lire, à l'entrée de chaque église, le chiffre que le menuisier avait placé sur le bois de la porte. Par malheur, le portail de Sauqueville avait été raccommodé dix ans après celui de Saint-Aubin. La sentence fut portée en vertu de cette pièce unique : on conserva la grange et l'on vendit la basilique.

Saint-Aubin-sur-Scie. — Appeville-le-Petit. Pourville.

L'église de Saint-Aubin-sur-Scie n'a guère à présenter que la rose de grès qui surmonte son portail et une croix de pierre qui vient de Sauqueville; hors cela, elle est la plus pauvre du monde. Sur le coteau qui la domine, est le beau château de Miromesnil, splendide construction du temps de Louis XIII, où mourut, le 6 juillet 1796, le vertueux marquis de Miromesnil, cet ancien garde-des-sceaux de Louis XVI. « Là, dit M. Vitet, vous trouvez les proportions de Versailles avec la végétation de la Normandie. » En face, sur le coteau opposé, est l'église d'Offranville, que vous pourrez visiter pendant votre séjour à Dieppe. C'est un monument du xvie siècle, qui n'a plus que quelques restes des belles verrières qui l'enrichirent autrefois. Vous y admirerez encore la Pentecôte et la Création du monde. La chaire méritera un de vos regards ainsi que le vieil if du cimetière, qui a près de six mètres de circonférence.

Sur le flanc de la colline qui encaisse la vallée du côté de l'Orient, vous voyez serpenter un magnifique chemin construit selon les règles les plus modernes de la voirie. C'est la route impériale numéro 27, pour laquelle on a, en 1846, aplani la côte de Saint-Aubin, autrefois si dangereuse et si redoutée des voyageurs. Au mois de décembre 1853, vers le milieu de cette côte, un peu au-dessus du hameau du *Plessis* que nous touchons, et un peu au-dessous de celui des *Vertus* dont nous apercevons la cime des arbres sur la hauteur, on a trouvé un cimetière franc que nous avons exploré malheureusement un peu trop tard. Cependant, nous y avons encore reconnu huit ou dix fosses, contenant autant de squelettes. Chaque corps possédait un vase aux pieds, et quelques-uns nous ont offert des couteaux et des boucles en fer. Un de ces corps, celui d'une jeune femme, nous a montré une paire de boucles d'oreilles de bronze, avec des pendants ornés de verroterie de couleurs, des perles de verre et d'ambre ornant les cheveux, et un joli collier de 54 perles vertes et jaunes passé au cou. Les ouvriers avaient détruit avant nous le plus grand nombre de ces curieuses sépultures.

Mais déjà, pendant que nous causons, on vient d'apercevoir, à travers les sinuosités de la vallée, le frais bosquet du Petit-Appeville, humble hameau dont la tempête a si longtemps menacé de renverser l'église sur la tombe des vieux archers dieppois qui dorment dans ce sanctuaire désert. Avant d'entrer dans le tunnel de 1,600 mètres, qui nous ouvre la porte de Dieppe, accordez un regard à l'embouchure de cette Scie que nous avons vue naître dans un jardin, qui a été longtemps la compagne de notre voyage, et qui va maintenant se perdre dans l'Océan. Elle se jette à la mer au hameau de Pourville, pauvre et nu comme le désert. Là, pourtant, débarqua, en 1305, Jacques Molay, grand-maître des Templiers, lorsqu'il revint d'Orient pour mourir sur un bûcher de Paris. Là aussi, dit la tradition, débarqua saint Thomas de Cantorbéry, lorsqu'il se réfugiait en France; mais n'y croyez pas, malgré le patronage et les pèlerins.

Pendant que nous sommes dans une nuit obscure, il faut que je vous dise que nous passons sous le hameau de Janval, ancienne léproserie dieppoise, fondée par Guillaume-le-Roux, roi d'Angleterre et duc de Normandie. C'est là que quelques uns font mourir de la lèpre, en 1164, Guillaume, comte de Mortain, fils de l'impératrice Mathilde et frère du fameux Henri Plantagenet.

Nous retrouvons le jour dans la tranchée de Saint-Pierre-d'Épinay où se sont rencontrés, en janvier 1847, un cimetière franc et plusieurs tombeaux en pierre de Vergelé, que nous plaçons entre le viie et le ixe siècle de notre ère. C'étaient peut-être les premiers propriétaires des salines de Bouteilles et des mares d'Épinay, si célèbres au moyen-âge et si riches par leurs productions. Ces salines sont devenues aujourd'hui une magnifique prairie.

Nous passons près d'une motte que l'on appelle *la Butte des Salines*, parce qu'elle se rattache, dit-on, à l'ancienne industrie du sel qui couvrait la vallée où nous sommes. Mais il serait plus curieux d'interroger ce mystérieux *tumulus* que de répéter sur son compte de banales traditions. A coup sûr, il renferme dans ses flancs la réponse à bien des questions curieuses. Nous espérons le faire parler un jour.

SECONDE PARTIE.

VISITE A DIEPPE.

Avant d'entrer dans la ville qui vient de nous apparaître à l'extrémité de la vallée, jouissons un moment du nouveau panorama qui nous est offert.

A droite, la vallée s'enfonce pour se diviser ensuite en trois autres vallées dont nous voyons les ouvertures à l'horizon.

Au débouché de la Varenne est le château d'Arques, l'antique gardien de ces lieux, quand ils étaient inondés par la mer et ravagés par les barbares. Ce vieux débris d'une civilisation disparue a vu passer Guillaume-le-Conquérant, Philippe-Auguste, saint Louis, Charles-le-Téméraire, Henri IV, Louis XIV et Napoléon. A ses pieds s'abrite l'église, riche de ses sculptures sur bois et sur pierre, et le bourg, jadis le siége de nombreuses juridictions féodales.

Au bord de l'épaisse forêt qui couronne les collines de la vallée de la Béthune, vous voyez une pointe de coteau toute nue où s'élève une colonne de granit. C'est le *Champ de Bataille* d'Arques, où le père des Bourbons a vaincu le chef de la Ligue. Après vient la vallée de l'Eaulne, célèbre par ses sépultures mérovingiennes; puis les côtes d'Etran, qui gardent encore dans leurs cavées la place du canon de Mayenne.

Enfin, en face de nous est Neuville, qui nous montrait naguère son cimetière gallo-romain; Bonne-Nouvelle, dont le sol est jonché d'habitations antiques; la Tour de Jérusalem, dernier souvenir des chevaliers du Temple et de la léproserie placée sous leur protection; le Pollet, avec son église, sa caserne et ses abattoirs, monuments sans style et sans caractère, que l'on prendrait volontiers l'un pour l'autre. La population de ce faubourg a perdu sa vieille physionomie, comme le pays lui-même a vu tomber ses forts et ses bastilles. Plus près de nous, c'est la *Retenue*, avec ses parcs aux huîtres; le Cours-Bourbon, tronçon d'un canal gigantesque qui, commencé depuis un siècle, ne sera jamais terminé. Enfin, c'est la ville elle-même avec son port, ses bassins, ses navires, ses maisons, ses hôtels, ses dômes, ses clochers et la masse imposante de son vieux château.

Enfin, voici l'embarcadère de Dieppe, construction élégante qui rappelle celle de la rue Verte, à Rouen, dont elle est une copie. Des *omnibus* sont disposés pour nous conduire en ville, où de beaux et nombreux *hôtels* se disputeront l'honneur de nous recevoir. Tout le monde loge des étrangers à Dieppe ; la cité tout entière n'est qu'une vaste hôtellerie.

Prenons un instant de repos et faisons ensuite notre visite à la ville et à ses monuments.

Dieppe a l'air d'une ville neuve. Au premier aspect, on ne donnerait pas cent ans à cette fille de Charlemagne. C'est qu'elle a été rajeunie, il y a 170 ans, après le bombardement de 1694 qui l'a réduite en cendres. Aussi on ne trouve pas ici ces maisons de bois, ces vieilles arcades, ces galeries, ces cloîtres mystérieux qui caractérisent les villes du Moyen-Age ; mais gardez-vous de croire que la ville soit dépourvue de souvenirs ou de monuments ; elle en possède, et des plus intéressants.

Le plus beau de tous, celui qu'il faut visiter tout d'abord, c'est l'église Saint-Jacques. Dans ce curieux monument, nous trouvons un spécimen de toutes les variétés de l'ogive. Les transepts sont du XIIe siècle, la nef du XIIIe, le portail et le clocher du XIVe, les chapelles du XVe, le chœur, la tour du portail, le Trésor et la chapelle de la Vierge sont du XVIe et de la Renaissance.

La tour carrée est un peu lourde et manque peut-être d'élégance, mais depuis 1855 que sa balustrade terminale a été restaurée, elle a repris une meilleure physionomie. Cette tour, le plus bel ornement de la ville, doit plaire singulièrement aux Anglais, car elle leur rappelle les clochers de leur patrie, presque tous terminés en plate-forme dans le style allongé du temps des Tudors.

Le grand portail de l'église, tout entier du xive siècle, est d'une rare élégance. On peut l'apprécier mieux depuis les restaurations de 1845.

Le Gouvernement a dépensé dans cette église 200,000 fr. depuis 1834 jusqu'en 1853. La dernière réparation est celle du chœur, exécutée en 1851 et en 1852. Quatre grands piliers ont été repris en sous-œuvre, parce qu'ils avaient foulé, et que ce tassement menaçait l'église. Cet ébranlement provenait sans doute des projectiles du bombardement de 1694 ; mais il avait été déterminé parce que ces piliers avaient été creusés pour le jeu des *Mitouries*. Puisse le Gouvernement, qui a tant fait pour cette église, ne pas s'arrêter en chemin.

Nous recommandons à l'attention des voyageurs les voûtes du chœur magnifiquement raméfiées, mais dont on a si malheureusement descendu les pendentifs en

1814 ; les bas-reliefs du Trésor, que l'on dit être un *ex-voto* des navigateurs dieppois ; toujours est-il que c'est une énigme donnée aux savants et aux archéologues ; l'escalier en bois que renferme dans son intérieur ce curieux Trésor — qui, hélas ! ne l'est plus que de nom, car les riches reliquaires et les beaux ornements ont disparu, — cet escalier, dis-je, conduisait à la chambre du prédicateur, nom touchant qui prouve combien nos pères tenaient aux enseignements de la chaire chrétienne. Cette boiserie de la Renaissance, où figure, dit-on, François Ier, est le plus ancien morceau de hucherie, et presque le seul que possède Dieppe.

Après le Trésor, vous admirerez encore la chapelle ou passage des Sybilles qui vient d'être rendue au culte et qui est devenue le baptistère de la paroisse. Dans les douze niches que renferme ce porche furent autrefois les douze Sybilles, ces prophétesses des païens, qui forment le péristyle du Christianisme. Vous verrez aussi avec plaisir la chapelle du Sépulcre, dont la *Société de la Bonne Mort* vient de faire rétablir l'admirable balustrade de clôture : elle ressemble à une vigne de la Passion.

La chapelle qui surpasse toutes les autres par le fini du travail, c'est celle de la Sainte Vierge ou du *Rosaire*.

Toute mutilée qu'elle est, elle n'en est pas moins une des merveilles de l'art catholique en France. Est-il quelque chose de plus élégant et de plus finement découpé que ces niches de pierre que l'on croirait plutôt de dentelle. À la base de chacune d'elles, vous verrez sculptés deux mystères de la vie de Marie.

De 1853 à 1855, cette chapelle a été enrichie de trois belles verrières dignes des anciennes et sorties des ateliers de M. Lusson, verrier de Paris, le restaurateur de la Sainte-Chapelle. Ces trois magnifiques tableaux de verre ont été donnés par la *Société du Rosaire* et ont coûté près de 15,000 fr. Ils reproduisent : celui du fond, *la mort et le couronnement de la Vierge Marie*; celui du nord, *la prise de la bastille du Pollet* par Louis XI encore dauphin, en 1443, et *la procession de ce prince pour accomplir un vœu fait pendant la bataille*; celui du midi, *la vision de Pie V le jour de la bataille de Lépante et le triomphe de don Juan d'Autriche à Rome*, après cette célèbre victoire qui arrêta pour toujours les progrès de l'islamisme.

Nous dirons d'abord que ç'a été une heureuse idée d'avoir consacré par la peinture sacrée un fait historique et religieux tout à la fois ; mais nous ajouterons immédiatement qu'il n'a pas été moins méritoire d'y reproduire avec autant de magnificence le plus beau titre que possède le Saint-Rosaire à la vénération des peuples civilisés et chétiens.

Vous admirerez aussi le zèle des bons marins dieppois qui ont créé depuis dix années, et au prix de 12 à 15,000 fr., la jolie chapelle de Bon-Secours ; enfin, vous accorderez un souvenir à Richard Simon et à Jehan Ango, qui dorment dans cette église. Nous avons été assez heureux pour faire placer derrière le chœur deux inscriptions commémoratives qui ravivent le souvenir de ces deux grands hommes. La première table de marbre a été posée par la Fabrique en 1849 ; la seconde par la Chambre de Commerce, en 1850.

En 1859, l'ancienne chapelle d'Ango, qui servait de sacristie depuis 1802, a été délivrée des planches parasites qui masquaient ses murs couverts de sculptures, et on a pu admirer et l'élégant rétable en pierre de la Renaissance, et l'oratoire du vieux *roi de la mer*, encore signé de ses armes. Grâce à la bienveillance de la Chambre de Commerce, nous avons pu, le 30 novembre 1859, rechercher la sépulture du grand armateur, et nous avons retrouvé son caveau sépulcral caché sous une dalle de marbre bleu. Mais le célèbre vicomte avait été troublé jusque dans sa tombe, et il ne nous a été possible que de dire à ses concitoyens : « Ici reposa le plus grand des Dieppois. »

Citons comme dernière richesse entrée dans cette église les quarante stalles de chêne, sculptées dans le style du xve siècle. Toute cette vaste boiserie provient d'un seul et unique chêne excru dans une forêt du Hainaut et acheté 2,000 fr. par M. Leroy, menuisier-sculpteur à Rouen. C'est cet artiste qui a exécuté les stalles pour la modeste somme de 6,000 fr. et qui les a posées en 1855.

L'église Saint-Remy est loin d'être aussi intéressante. Fondée en 1522 par Thomas Bouchard, elle ne fut achevée que vers 1640. Elle a mis cent vingt ans à devenir ce qu'elle est ; c'est beaucoup trop pour si peu de chose. Cependant elle n'est pas sans intérêt pour un vrai connaisseur, car elle lui fait voir un de ces champs de bataille où le plein-cintre moderne eut à lutter contre l'ogive. Elle est la plus jeune des deux églises, et pourtant elle est la plus ruineuse. Le portail est une œuvre du temps de Louis XIII, la chapelle de la Vierge est du règne de François Ier ; deux époques bien différentes pour les arts.

Un magnifique projet de restauration a été conçu, pour cette église, en 1859. Demandé par l'administration municipale, il a été dressé par M. Barthélemy, architecte de la cathédrale et de l'église de Bonsecours de Rouen. L'artiste a projeté deux tours dans le style de

Saint-Sulpice de Paris, mais terminées en dômes de pierre comme le Val-de-Grâce ou les Invalides. Cette belle conception, qui honorerait la ville, s'élève à environ 200,000 fr. Espérons que la cité trouvera en elle le courage et les ressources pour l'exécuter.

Depuis 1860, en effet, plus de 80,000 fr. ont été dépensés pour cette église. D'abord on a refait les fenêtres, les voûtes et le toit du chœur demeurés provisoires depuis le bombardement anglo-hollandais. Puis en 1862 et 1863 on a achevé la façade du grand portail restée incomplète et ruineuse depuis 1674. Aujourd'hui ce portail est un modèle du genre, et les meilleurs architectes du règne de Louis XIII ne désavoueraient pas l'artiste qui les a si bien compris à deux siècles de distance.

L'église Saint-Remy renferme les tombes de quatre gouverneurs de Dieppe : MM. de Sygogne père et fils, de Chattes et de Montigny. Deux d'entre eux, Sygogne le père et Aymar de Chattes méritent d'être comptés parmi les grands hommes de la France. On trouve aussi dans cette église quelques bonnes toiles de Lemarchand, le plus grand peintre dieppois. On y verra avec plaisir les belles verrières des *Prophètes* et des *Évangélistes*, exécutées avec soin par M. Lusson, peintre-verrier de Paris.

L'ancien Saint-Remy était en côte, là où est aujourd'hui le château. Sa tour, du xive siècle, s'est fondue avec celles de la forteresse, et elle est un des meilleurs ornements du vieux fort. C'était la première et autrefois la seule église de Dieppe. Saint-Jacques n'est devenu paroisse qu'en 1282. Saint-Remy, au contraire, est cité dès 1030, aussitôt que l'histoire fait mention de la ville.

A présent montons au château, bâti en 1433 par les communes du pays de Caux révoltées contre les Anglais. Là s'est retirée, un jour de 1650, la duchesse de Longueville, l'héroïne de la Fronde, quand elle essaya de soulever Dieppe et la Normandie contre l'autorité royale. On vous montrera peut-être la fenêtre par où elle descendit dans le fossé pour se sauver à Pourville et de là en Hollande.

C'est de la terrasse du château que je veux vous faire voir Dieppe, dont l'œil découvre d'ici le panorama le plus complet.

A votre gauche est la mer, souvent couverte de bateaux pêcheurs aux voiles noires et parfois sillonnée par des navires de commerce aux voiles blanches. Aujourd'hui quelques steamers viennent de temps à autre fumer à l'horison et animer la rade de leur rapide sillage.

Devant nous, entre la ville et la mer, est la plage, composée d'abord d'un perrey formé avec une masse de cailloux tombés des falaises et roulés par les vagues, et d'une large couche de sable fin, sur lequel s'étalent les flots et se roulent les baigneurs; puis d'une vaste pelouse qui, hier encore, était une verdoyante prairie. Cette plage, unique dans son genre, a frappé les yeux de LL. MM. l'Empereur et l'Impératrice des Français, pendant le court séjour qu'ils ont fait à Dieppe, en 1853. Leur volonté souveraine a voulu la transformer en jardin, et elle s'est transfigurée comme par enchantement. On va même jusqu'à dire que S. M. l'Impératrice a tracé le plan du nouveau parc de sa main accoutumée à faire le bien. A leur voix souveraine des centaines d'ouvriers sont accourus et ont fait disparaître les vieux retranchements, les corps-de-garde et les batteries élevés par la République et l'Empire.

La plage qui, hier encore, était un pré aux vaches, est maintenant un parc boisé qui fait les délices des Dieppois et l'admiration des étrangers. Mais comment ne pas regretter de voir ces bosquets confiés à des bûcherons en guise de jardiniers-paysagistes. Tous les deux ans, hélas! la cognée se promène dans ces massifs et les fauche jusqu'à terre, si bien que ce jardin ressemble un peu à une école de sylviculture.

Ajoutons aussi qu'en 1853 on eut le tort de démolir trois tours rondes qui peuplaient le rivage. Ces tours, construites en 1744, servirent de batteries pendant la guerre de Sept-Ans et de poudrières pendant la Révolution. Les casemates et les embrasures du rez-de-chaussée, à l'épreuve de la bombe, étaient une construction remarquable et curieuse de ce temps-là ; assurément elles n'étaient pas belles au dehors, mais elles avaient plus de cent ans, et elles donnaient un cachet à la plage, qui n'en a plus et qui reste nue comme un steppe du désert.

Il était possible de conserver ces tours et d'en faire un des ornements du jardin que l'on créait. On pouvait changer l'appareil et lui donner l'aspect des mosaïques et des marqueteries du xvie siècle. Le sommet surtout pouvait être ou couronné de créneaux ou surmonté de toits pointus formés avec des tuiles à teintes variées et enfin rehaussé d'épis en plomb et de girouettes blasonnées. A coup sûr, tout cela eût été plus beau que la nudité d'aujourd'hui. Il est fâcheux que les personnes qui approchaient de nos illustres hôtes ne leur aient pas soumis ce conseil.

Mais non, à leur absence de grâce on n'a trouvé d'autre remède que la mort. « Les hommes ont véritablement l'instinct de la destruction : les débris de toute sorte qui jonchent le sol de la France en sont une preuve sans réplique. Si encore ils ne détruisaient que ce qui est nuisible ; mais, monuments beaux et laids, grands et petits, églises et châteaux, institutions et mœurs, costumes et usages, tout doit tomber ! »

Nous doutons que l'Angleterre, qui compte trente tours rondes comme les nôtres, à l'entrée de la baie de Pavensey, consentît à les démolir aussi lestement. Là on respecte les vieux souvenirs. A Dieppe les trois tours ont été vendues, au seul regret de l'antiquaire, pour le prix de 5 fr. chacune. C'était pour dire qu'on ne les donnait pas. Pauvres tours ! Nous serons probablement leur seul Jérémie !

C'est ainsi que tout disparaît chez nous. Aussi la ville a un aspect de nouveauté qui dessèche l'âme. Vous ne voyez plus même un pan de ces vieux murs de quatre mètres d'épaisseur qui fermaient la ville vers la mer ; les anciennes portes sont tombées ou s'en vont tous les jours. En 1843 on a démoli la porte Sailly et en 1855 celle d'Estouteville ; en 1848 on a enlevé la butte du Moulin-à-Vent et en 1841 la Tour-aux-Crâbes ; en 1850 on a vendu la porte du Port-d'Ouest qui peut être démolie d'un jour à l'autre, puisqu'elle est propriété particulière.

Alors donc que restera-t-il ? Les bains. En effet, Dieppe ne vit que pour eux et par eux. Vous les voyez, ces bains fameux, se dessiner à vos pieds, comme une ville d'Orient, avec leurs pavillons, leurs galeries, leurs salons, leurs tentes, leurs ateliers, leur bazar, leurs jeux et leurs jardins plantés d'arbustes et semés de gazon. Fréquentés d'abord, en 1813, par la reine Hortense, ils ont été mis en vogue, de 1824 à 1830, par Mme la duchesse de Berry, Caroline de Bourbon, qui un moment leur prêta son nom. Depuis ils ont reçu un nouveau reflet de gloire de la présence de S. M. l'Empereur Napoléon III et de sa gracieuse épouse l'Impératrice Eugénie.

L'ancien édifice, construit en bois et un peu prosaïque, avait été élevé en 1822. Reconnu insuffisant pour le présent et pour l'avenir, il a été démoli à la fin de 1856.

En 1857, on éleva, dans l'espace de six mois, un véritable palais de baigneurs. Dans ce Versailles de la mer, où le bois, la pierre, la terre cuite, le fer, la fonte, le plomb, le zinc et le verre sont entrés de concert et avec tant d'harmonie, ce que l'on devra peut-être le plus admirer, c'est que ce soit l'œuvre de moins d'une année. Que de perfectionnements dans l'industrie humaine les siècles ont dû accumuler pour arriver à un pareil résultat ! Nous n'avons pas ici à décrire ni à juger ce féerique palais dont on trouvera l'appréciation à la fin de ce livre ; mais ce que nous ne craignons pas d'assurer d'avance, c'est que l'établissement municipal de Dieppe est peut-être le premier édifice thermal de l'Europe.

Dieppe accède à ses bains par la vieille porte du Port-d'Ouest, dont vous apercevez les tours pointues. Là fut autrefois un port où l'on virait les bateaux. Le port actuel n'était, au xie siècle, qu'un havre naturel, à peu près aux navires.

A la place de ce port antique, où l'on portait à bras les barques de pêche, vous voyez maintenant une porte flanquée de deux tours, seul reste de l'enceinte murée ; un théâtre bâti en 1826 par M. Frissard, à la place d'un abreuvoir creusé par les huguenots en 1562 ; l'établissement des bains chauds où naquit le fameux Albitte, conventionnel et régicide ; la salle des bals et concerts, qui remplace un couvent de Bénédictines, et enfin l'Hôtel-de-Ville, élevé sur l'ancienne résidence des Jésuites. En 1853, ce modeste édifice a été transformé en palais impérial, et pendant vingt jours (du 20 août au 10 septembre) il a été la résidence de Napoléon III et de l'Impératrice Eugénie, comme il avait été un jour seulement celle de Napoléon Ier et de Marie-Louise. La duchesse de Berry en avait fait aussi sa demeure pendant plusieurs années.

L'Hôtel-de-Ville renferme la bibliothèque publique, ouverte tous les jours de la semaine pendant la saison

thermale, et dont le conservateur, M. Morin, vous fera
les honneurs avec l'exquise politesse qui le distingue.
Vous y trouverez de huit à dix mille volumes imprimés
et plusieurs manuscrits concernant l'histoire de Dieppe.
Nous citerons de préférence le *Cueilloir* ou *Coutumier*,
rédigé en 1396 par Jacques Tieulier, prestre, d'après
les ordres de Guillaume de Vienne, archevêque de Rouen ;
les *Antiquités de la ville de Dieppe*, écrites par le prêtre
Asseline, en 1682 ; et les *Mémoires* du prêtre Guibert
terminés en 1762. L'antiquaire y verra avec plaisir
quatre dessins représentant la villa romaine de Sainte-
Marguerite, des urnes, des vases, des haches en silex,
trouvés au Camp-de-César, à Braquemont, à Luneray,
à Caude-Côte et à Neuville-le-Pollet. Ce ne sera pas sans
un frissonnement patriotique que vous apercevrez ces
fragments de bombes anglo-hollandaises lancées par
l'amiral Barklay les 22, 23 et 24 juillet 1694, un an avant
le bombardement de Dunkerque qui eut lieu par les
mêmes escadres combinées, le 11 août 1695.

L'archéologue admirera surtout deux plans en relief faits en pâte de papier et peints avec beaucoup de
goût par M. Amédée Feret, artiste de talent dont la ville
déplore la perte récente. L'un de ces plans reproduit
l'enceinte antique de la Cité-de-Limes avec les fouilles
qui y furent faites ; l'autre représente la villa romaine

de Sainte-Marguerite-sur-Mer, explorée par M. P.-J. Feret.

En face de nous, nous voyons s'allonger les toits de tuiles si tristes et si sombres de l'église de Saint-Remy; son dôme d'ardoise de 1750 et sa flèche en hache, montée en 1630. Entre elle et nous, s'élançait encore, il y a quelques années, le petit dôme d'ardoise de l'ancien couvent des Carmes, fondé en 1674 et brûlé le 15 mai 1850. Dans le vide créé par les flammes doit s'élever, dit-on, une caserne de douaniers, singuliers successeurs des enfants du Carmel. Plus loin, dans la rue de la Barre, un dôme de pierre indique le monastère des anciennes Carmélites, fondé en 1615. Leur joli cloître, bâti en 1740, a été transformé en un comptoir, et leur chapelle est devenue un temple protestant. Nous engageons l'étranger à visiter ce cloître de 1740 qui a conservé toutes les traditions du moyen-âge.

Suivons des yeux la rue d'Ecosse, l'ancienne *rue des Gués*, et nous y trouverons, à chaque pas, la vieille ville chrétienne. Ce bâtiment carré qui renferme les tribunaux, ce sont les anciens Minimes, fondés en 1582, par le commandeur de Chattes qui y choisit son tombeau. Mais, en 1827, son corps fut transféré dans l'église de Saint-Remy, en la compagnie des autres gouverneurs de Dieppe. Avant 1862, il y avait là un petit clocher d'ardoise que l'on apercevait à peine, c'était l'Hôtel-Dieu, bâti en 1620 pour les pauvres malades, et longtemps desservi par des sœurs de Saint-Augustin. C'est de là que sont sorties des colonies de religieuses qui ont fondé les hôpitaux d'Eu, de Vannes, de Rennes, de Bayeux, de Vitré, d'Harcourt, de Tréguier, de Fougères, d'Auray, de Lannion, de Guingamp, de Carhaix et de Québec, au Canada.

Cet autre clocher d'ardoise plus élevé, que l'on aperçoit un peu plus loin, c'était encore un asile de l'indigence et des infirmités humaines. Là s'est installé, en 1802 ou 1803, l'Hospice-Général, établi au Pollet en 1668. Il s'est mis à l'aise dans le couvent des Ursulines, fondé en 1616, et supprimé, comme tant d'autres, par la Révolution française. De l'ancien monastère restent encore de vieilles galeries et une porte sculptée qui conduisait à la chapelle ou à l'école des pauvres.

Mais, depuis le mois de décembre 1860, ces deux frêles édifices, enfants d'un autre âge, ont été abandonnés par les malades, les sœurs et les vieillards qui sont allés s'installer dans ce superbe palais qui se dresse majestueusement dans la prairie, tout à côté de l'embarcadère du chemin de fer. Ce Louvre de l'indigence a coûté près d'un million à la ville de Dieppe, qui, de la sorte, prouvera à la postérité que si d'une main elle élève sur sa plage un féerique palais pour les plaisirs des heureux du siècle, de l'autre elle sait faire sortir de ses prairies un grand et bel hôtel pour les déshérités du monde.

Au milieu des toits de tuile, qui donnent à la ville un air de vieillesse qu'elle n'a pas, vous voyez s'élever le clocher de Saint-Jacques, géant de pierre autour duquel les maisons s'abritent comme des pygmées. L'aspect de cette tour a quelque chose de majestueux et de sévère qui convient à une ville assise entre deux rochers, sur les bords du sombre Océan. Comme nous l'avons déjà dit, ce couronnement en plate-forme dentelée rappelle singulièrement les clochers de l'Angleterre. Cette tour est évidemment un jalon entre la France et la Grande-Bretagne.

Dans ses larges flancs est suspendue une magnifique cloche pesant 4,000 kilogrammes, dont l'inscription résume toute l'histoire :

> Katerine je suis nommée,
> Fondue en l'an cinq cent et dix (1510),
> Ma pesanteur à huit mille estimée.

Elle a sonné bien des fois pour annoncer les puys de la Conception et les *mitouries* de la Mi-Août, vieilles fêtes civiques et religieuses, dont il ne reste plus que le souvenir. Elle a sonné aussi pour bien des grands de la terre, depuis François Ier jusqu'à Napoléon III.

Le superbe vaisseau de l'église Saint-Jacques, tout chargé de galeries, de contreforts et d'aiguilles, est assis près d'une grande place où fut martyrisé le prêtre Briche, le 22 avril 1794, et où, le 22 septembre 1844, une foule immense inaugurait, par une fête nationale, la statue de bronze d'Abraham Duquesne, l'enfant de Dieppe et la plus grande gloire de la marine française. C'est que, voyez-vous, cette petite ville, assise à vos pieds, a donné bien des hommes illustres à la France. Parcourez les rues de la cité, et vous y lirez les noms d'Ango, de Cousin, de Parmentier, de Descaliers, de Pecquet, de De Clieu, de Cousin-Despréaux, de Noël de la Morinière, de Richard Simon, de Houard, de Blainville et de Druzen de la Martinière.

Çà et là vous lirez sur des plaques de marbre les lieux où naquirent et où moururent les hommes célèbres ou utiles de la cité. Dieppe a gardé pour ses enfants le culte des souvenirs. Puisse l'hommage rendu au passé être une semence d'avenir!

Dans ces rues de Dieppe, tirées au cordeau par un ingénieur officiel, vous chercherez vainement ces vieilles maisons de bois décorées d'images et de sculptures qui font la joie de l'artiste et de l'antiquaire. On y compte à peine une douzaine d'habitations antérieures à Louis XIV. La plus ancienne maison de Dieppe, la seule qui présentait encore des poutres ornées de pinacles et d'ogives, était le n° 54 de la *rue Saint-Remy*, l'ancienne *rue aux Juifs*. Cette vieille charpente qui pouvait remonter au xve ou au xvie siècle, vient de disparaître.

Les autres, plus modernes, sont à l'extrémité de la *rue d'Ecosse* et surtout au *Petit-Veules*, quartier maritime échappé tout entier aux flammes du bombardement.

Ce quartier du *Petit-Veules* est une colonie de marins établie là dans le courant du xviie siècle. Les chroniques de Dieppe rapportent qu'elle doit son origine et son nom à des pêcheurs du bourg de Veules, près Saint-Valery-en-Caux, obligés d'émigrer à cause des malheurs de leur patrie. Cet établissement, longtemps livré à lui-même, vécut isolé du reste de la ville. Aussi on y retrouve des noms de rues du moyen-âge, des maisons offrant des niches pour des statues ou présentant l'image des anges et des saints protecteurs du foyer.

Tout le monde sait qu'autrefois les maisons de nos villes n'étaient pas numérotées (1). Cet usage, qui commença à Paris vers 1768, et à Rouen en 1788, ne pénétra à Dieppe qu'en 1792. Auparavant toutes les maisons

(1) Si, autrefois, les maisons n'étaient pas numérotées, les rues elles-mêmes n'étaient pas nommées. A Paris les écriteaux ne datent que de 1728. C'est une institution de M. de Turgot, prevost de cette ville. Auparavant, la tradition orale désignait

avaient un nom et portaient un signe qui les spécifiait et les désignait à l'attention publique. C'est ainsi que nos anciens titres parlent des maisons de l'Aviron-Vert, de la Galère, du Cœur-Couronné (1), du Loup-Marin, du Vert-Bois, du Bœuf-Couronné, de la Truye-qui-File (2), de la Croix-Rouge, du Pilier-Vert, des Trois-Maries, de la Syraine, de la Barbe-d'Or, de la Côte-de-Baleine, de

seule chaque rue ; on commença par peindre le nom sur une plaque en ferblanc, mais le temps et la pluie effaçant les caractères, on prit le parti de les graver en creux sur la pierre même. — A Dieppe, les plus anciens noms paraissent aussi avoir été gravés sur la pierre. Ils nous semblent également dater de la première moitié du XVIIIᵉ siècle. Depuis, on les a tracés en noir sur le mortier des murs. Depuis quelques années on a adopté, comme à Paris, à Rouen, au Havre et ailleurs l'usage de plaques émaillées. Toutefois, on avait aussi tenté les plaques de fonte, avec lettres en relief.

(1) J'ai vu quelque part mentionnée « une maison marquée d'un *cœur couronné des armes de France*, » nous ne doutons pas que cette enseigne de maison n'ait donné son nom à la rue elle-même.

(2) A Dieppe, il existait encore, il y a quelques années seulement, une *rue de la Truie-qui-File*. Elle était située entre le cimetière Saint-Remy et l'Hôtel-de-Ville. Une rue semblable existe au Mont-Saint-Michel (Manche). M. Delaquerrière nous apprend (*Notice hist. et descript. sur l'église Saint-Jean de Rouen*, p. 76), que la maison de la boucherie Saint-Maclou

la Fontaine-Bouillante, etc. (1). A présent, en dehors des hôtels, des auberges ou de quelques magasins de marchands, aucune maison privée ne porte plus d'enseigne ; les vieux signes mêmes ont à peu près disparu. Cependant, nous connaissons encore à Dieppe deux maisons particulières qui ont conservé sur grès les marques qui y furent gravées en 1697. L'une est la maison de *l'Eléphant, quai Duquesne,* 66; l'autre est la maison de la *Fleur-de-Lys*, à l'angle des *rues Sygogne* et *de la Barre*.

Parmi les enseignes d'auberge, dignes d'être signalées ici, nous citerons la seule que possède notre ville : c'est celle de la *Ville d'Anvers*, moulée en 1697, et conservée dans une cour du *quai Henri IV*, n° 49. La maison qui la porte, entièrement construite en pierre, est la plus belle du port. Ce dut être l'*Hôtel d'Anvers*. Le bas-relief représente approximativement la grande cité commerciale des Pays-Bas espagnols.

Cette grande rue qui serpente comme un fleuve depuis

était bornée d'un bout *par la maison à l'enseigne de la Truie-qui-File* Il est probable que c'est une enseigne de ce genre qui aura donné son nom aux rues de Dieppe et du Mont-Saint-Michel.

(1) L'historien d'Etaples (M. G. Souquet), nous apprend que dans sa ville on trouvait jadis les mêmes titres de maisons qu'à Dieppe. *La Picardie*, année 1860, p. 263-266, 290-291, 346-350.

le château jusqu'au port, c'est le bazar de la ville ; c'est là que vous trouverez ces magasins d'ivoirerie qui, avec la marine, ont fait depuis six siècles la fortune de Dieppe.

Cette artère principale se nommait autrefois la *rue de la Carreterie*. Nous croyons qu'il en fut de même au Havre de la grande voie qui se nomme aujourd'hui la *rue de Paris*. Ce qui est certain, c'est qu'une des principales rues de Rouen s'appelait autrefois et s'appelle encore aujourd'hui la *rue des Charrettes*. A Lisieux, l'une des plus remarquables rues de la ville est la *rue aux Chars;* à Chambéry, elle se nommait, au XIV° siècle, *rue Charrière* ou *magna Carreria civitatis*.

La Grande-Rue conduit au port, riche autrefois de mille navires, jadis le premier port du commerce, aujourd'hui le premier port de pêche de France. La maison d'Ango, ce roi de la mer, qui fit la guerre aux rois de la terre, ce superbe comptoir où les marchands de l'univers se rencontraient avec les ambassadeurs des princes, a disparu depuis longtemps. Le feu des bombes anglaises l'a dévoré en 1694. Ce fut là un grand malheur, car c'était la plus belle maison de bois sculpté qui existât sur terre, au jugement du cardinal Barberini qui s'écria en la voyant, en 1647 : « *Nunquàm vidi domum ligneam pulchriorem.* »

Aussi, à la fin du xvi⁰ siècle, elle était devenue la demeure du commandeur de Chattes, gouverneur de Dieppe, qui la préférait au château. En 1614, par un traité passé entre le cardinal de Joyeuse, archevêque de Rouen, et le Père de Bérulle, elle devint le premier collége enseignant de l'Oratoire de Jésus. Depuis la Révolution, elle a été transformée en collége communal dont la jeunesse commence à remplir la vaste enceinte. Toutefois, nous sommes encore loin du temps où le successeur du cardinal de Bérulle y visitait ses Oratoriens au milieu de 4,000 élèves.

A côté d'elle, portant le n° 35 du *quai Henri IV*, est l'ancienne *Vicomté de Dieppe*, appelée aussi l'*Archevêché*, parce que depuis 1197 les archevêques de Rouen étaient *seigneurs* et *comtes de Dieppe*. Leur maison à Dieppe, quand ils y venaient, était cette vieille *Vicomté*, nommée parfois *La Coutume*, parce qu'elle était le centre de leur perception fiscale. Rappelons en passant que de temps immémorial chaque archevêque faisant son entrée première dans sa bonne ville de Dieppe, recevait de la communauté des habitants un superbe Christ en ivoire. A leur tour, afin de montrer leur prédilection pour notre ville, où ils avaient établi un collége d'Oratoriens et des écoles de Frères, les métropolitains de Rouen avaient placé dans la grande *salle des Etats* de leur palais archiépiscopal une vue du port de Dieppe, à côté de celles du château de Gaillon et de leur église métropolitaine.

Sur la jetée de l'Ouest, où vous voyez en ce moment un brise-lame, s'élevait naguère une maison solitaire, aux blanches murailles éclairées par le soleil. Cette maison, c'était un temple consacré au génie de la bienfaisance par la bienfaisance du génie, c'était la maison de Bouzard, ce sauveteur célèbre qui arracha à la mort seize personnes naufragées au bout de la jetée, le 31 août 1777. Tout le monde connaît cette histoire qui a été reproduite dans les journaux, les livres et les gravures. La demeure qui était là avait été bâtie et offerte par Napoléon Ier à la famille du *brave homme* pour ses *services maritimes*. M. Marion, son dernier propriétaire, en avait fait un petit musée, et le 15 août 1846, il avait inauguré sur la porte le buste du héros de l'humanité pour lequel elle avait été construite.

Cette maison, que l'ennemi de la France eût respectée dans l'incendie de Dieppe, comme Alexandre épargna la maison de Pindare dans le sac de Thèbes, a été impitoyablement démolie, en 1856, par le génie des ponts et chaussées, avec l'assentiment de la ville, j'ai la douleur de le dire. Pour nous, nous avons toujours protesté contre cette profanation commise sur ce dernier vestige d'une grande vertu et d'une grande pensée. Il est triste d'avouer que tout, même la vertu, passe ainsi dans ce monde !

Enfin, en face de nous est le Pollet, colonie de marins qui vivent plus sur mer que sur terre et qui abritent leurs barques au pied d'un rocher où Talbot construisit une bastille en 1543. C'est là que Louis XI, encore dauphin, fit ses premières armes, lorsque le 14 août 1443, il enleva bravement cette forteresse à Talbot, l'Achille de l'Angleterre. Ce fut dans ce combat, dit-on, qu'il contracta cette dévotion à Notre-Dame qui est un des traits caractéristiques de ce roi dans l'histoire.

Tout à côté, sur la même colline, vous apercevez un carré de maisons qui entourent un jardin fermé, c'est l'ancien hôpital de Dieppe, établi ici sous Louis XIV, par lettres-patentes du grand roi, délivrées en 1668. L'enceinte murée et fossoyée de la vieille ville obligeait alors à reléguer dans les faubourgs tous les établissements nouveaux qui avaient besoin d'espace.

C'est dans un des jardins de l'ancien hospice que se trouve le célèbre poirier de cueillette, deux fois centenaire, qui naguère rapportait encore 4,000 poires par an. Nous vous engageons à visiter ce doyen des arbres fruitiers, qui a eu plusieurs fois les honneurs de la lithographie et de la gravure et que la Société d'horticulture de

Rouen a pris sous son patronage en 1856. On trouve un fort beau dessin de ce poirier dans l'ouvrage de M. Dubreuil, sur l'arboriculture.

Ce même faubourg du Pollet posséda avant la Révolution, deux maisons religieuses : un couvent de Capucins et un monastère de Visitandines.

Les religieuses de la Visitation, communément appelées les sœurs de Sainte-Marie ou simplement les Saintes-Maries, furent établies en 1643, sur le bord de la Retenue. Maintenant leur chapelle est détruite et leur maison est devenue une caserne.

Pour les Capucins la transformation est pire encore. Leur couvent, fondé en 1614, est à présent une prison et une maison d'arrêt.

C'est dans une partie de leur enclos qu'a été commencée, en 1841, la nouvelle église du Pollet, dédiée à N.-D.-des-Grèves, et bénite en 1849. C'est cette construction à teinte rose que vous voyez là-bas au bord de la Retenue, et qui semble rougir d'elle-même. De toutes les églises construites en France, depuis 1840, celle-ci est probablement la plus mauvaise. Jusqu'ici aucune langue n'a consenti à en faire l'éloge ; à coup sûr ce n'est pas nous qui commencerons. Au contraire, nous ne trouvons pas d'expression pour qualifier cette agglomération de tous les styles, cette réunion de tous les goûts, cette négation de toutes les idées reçues. Cette bâtisse, c'est un magasin, c'est un entrepôt, c'est un embarcadère, c'est tout ce qu'on voudra, excepté une église. Aussi à ce vice radical et rédhibitoire nous ne voyons d'autre remède pour notre pays, le jour où il lui montera un peu de pudeur artistique au front ; que de renverser de fond en comble ce monument bâtard et hermaphrodite.

Qui que vous soyez, qui lirez ce livre, visitez cette église et prononcez.

Pourtant il est un point en faveur duquel je fais une exception dans cette église, c'est la grande peinture murale dont le talent de M. M. Mélicourt-Lefebvre a décoré l'abside terminale.

Voilà Dieppe en abrégé. A qui voudra le mieux connaître, nous conseillerons la lecture des ouvrages suivants :

Mémoires chronologiques pour servir à l'histoire de Dieppe et à celle de la navigation française, avec un recueil abrégé des priviléges de cette ville, par Desmarquets, 2 vol. in-12. Dubuc, 1785. Assez rare.

Notice sur Dieppe, Arques et quelques monuments circonvoisins, par P.-J. Feret, 1 vol. in-8°. — Paris, Tastu, 1824.

Dieppe en 1826, ou Lettres du vicomte *** à mylord ***, par P.-J. Feret. — Rouen, Mégard, 1826. — Epuisé.

Promenades autour de Dieppe, vallée d'Arques, le bourg, le château et le champ de bataille, par P.-J. Feret, 1 vol. in-18, Delevoye, 1838.

Histoire de Dieppe, par M. Vitet. La première édition, qui est épuisée, formait 2 volumes in-8°, imprimée à Paris en 1833 ; la seconde, en un seul volume, format Charpentier, a été éditée à Paris, en 1844, par Charles Gosselin.

Les Eglises de l'arrondissement de Dieppe, par M. l'abbé Cochet. 1 vol. in-8° avec six lithographies par M. de Jolimont, imprimé à Dieppe, chez Lefebvre, 1846. — Ce volume renferme les principales églises et abbayes de l'arrondissement de Dieppe. — Epuisé.

Les Eglises de l'arrondissement de Dieppe. — Eglises rurales, par M. l'abbé Cochet, 1 vol. in-8° de 543 pages, orné de plusieurs gravures sur bois et de quatre jolies lithographies dessinées par M. Achille Deville, mises sur pierre par Dumée fils et tirées à Paris, chez Lemercier. Imprimé à Dieppe, chez Levasseur, en 1850. Ce volume est depuis longtemps épuisé.

Galerie dieppoise ou Notices biographiques sur les hommes célèbres de Dieppe, par M. l'abbé Cochet. Dieppe, Delevoye, 1846-1851. — Tiré à 50 exemplaires seulement.

Histoire de l'Imprimerie à Dieppe, par M. l'abbé Cochet, in-8°. — Dieppe, Levasseur, 1848. — Tiré à 100 exemplaires seulement.

La Normandie souterraine, ou Notice sur des cimetières romains et des cimetières francs, explorés en Normandie, par M. l'abbé Cochet, 1 vol. in-8° avec 18 planches, imprimé à Dieppe, chez Delevoye, en 1854 et en 1855.

Sépultures gauloises, romaines, franques et normandes, faisant suite à la Normandie souterraine, par M. l'abbé Cochet, 1 vol. in-8°, orné d'une planche lithographiée et de 350 gravures sur bois, imprimé à Dieppe, chez Delevoye, 1857.

Galerie dieppoise. — *Notices biographiques sur les hommes célèbres et utiles de Dieppe et de l'arrondissement,* in-8° de 424 p. avec 4 grav. — Dieppe, Delevoye, 1862, Se vend 4 fr. 50 c.

Histoire des Bains de Dieppe, précédée d'une esquisse de l'histoire générale du Bain, par M. P.-J. Feret. Imprimé à Dieppe, en 1856. Se vend 3 fr. 50 c. chez Delevoye, imprimeur-éditeur, rue des Tribunaux, 7.

Plan et description de la ville de Dieppe au XIVe *siècle,* par MM. Méry et Cochet, in-4° de 38 pages, avec plan. — Dieppe, Delevoye, 1865. — Se vend chez Marais, éditeur.

TROISIÈME PARTIE.

PROMENADES

AUX

ENVIRONS DE DIEPPE.

Promenade à Caude-Côte, à Pourville, à Varengeville, au Phare d'Ailly, à Sainte-Marguerite-sur-Mer, au Manoir d'Ango, à Hautot-sur-Mer et au Petit-Appeville.

Une des promenades dont les étrangers se dispensent le moins pendant leur séjour à Dieppe, c'est une visite au village de Sainte-Marguerite, situé aux bouches de la Scie, parce que dans cette excursion, ils voient en même temps le phare d'Ailly et le manoir d'Ango.

Pour rendre notre promenade plus agréable et plus

fructueuse, nous sortirons de Dieppe par une route et nous y rentrerons par une autre.

Longeons d'abord les fossés du château, douves profondes taillées dans la craie comme des précipices, sur lesquelles on a jeté un pont de pierre, dont les cintres et les piles produisent un effet très pittoresque. Remarquons, en passant, que ces fossés, prolongés depuis deux siècles seulement, ont coupé en abîme la vieille et primitive entrée de Dieppe, qui se faisait autrefois par une ligne droite partant du faubourg de la Barre et allant à la rue de ce nom.

Ce chemin passait juste devant la vieille église de Saint-Remy, placée aux portes de la ville qu'elle avait vue naître sur un perroy et dans un marais. Ce faubourg, qui ressemble à présent à une impasse, avait alors sa raison d'être. Il était l'entrée de la ville pour tous ceux qui s'y rendaient, depuis Harfleur jusqu'à Rouen ; aussi, l'une des collines qui encaisse cette voie naturelle s'appelle-t-elle encore aujourd'hui le Mont-de-Caux, c'est-à-dire le mont du pays de Caux. C'est chose curieuse à remarquer, qu'à Harfleur, une des portes de la ville s'appelle la porte Calletinant, et qu'à Rouen, on trouve la porte, la rue et le faubourg Cauchoise. Il en est de même à Neufchâtel. Ajoutons ici, qu'à notre faubourg de la Barre, descendait la voie romaine, dont

M. Feret et moi avons trouvé les traces le long de la briqueterie de M. Logros, et dans les cavées du Petit-Appeville.

Le faubourg de la Barre est le vieux Dieppe. Ce fut dans cet étroit vallon que s'assirent les premières maisons des pêcheurs qui peuplèrent ce port. C'est là que l'on rencontre des traces de constructions romaines, et une des cours situées à l'entrée même portait et porte encore, je crois, le nom de *Cour-aux-Etuves*. Là, dit un chroniqueur, on a trouvé des piliers de briques provenant évidemment des restes d'un hypocauste romain.

Le nom d'*étuves*, en effet, quoique connu du moyen-âge, peut signifier un calorifère antique. On en connaît des traces à Soissons, à Bourges et à Bruyères, dans l'Aisne.

C'est aussi, à l'extrémité de ce faubourg, sur le bord d'un chemin que nous allons suivre, que M. Feret a trouvé, en 1826, un cimetière gallo-romain dont il a extrait cinquante urnes longtemps déposées à Rosny, chez Mme la duchesse de Berry, qui avait fait les frais de la fouille, et à présent placées dans le musée de Rouen et à la bibliothèque de Dieppe. Ce cimetière, qui remontait au temps des Antonins, avait déjà été reconnu cent ans auparavant, comme on peut le voir dans le

Mercure de France. En général, il paraissait destiné à des pêcheurs plutôt qu'aux riches habitants d'une cité.

Un peu avant d'arriver au cimetière gallo-romain de Caude-Côte, nous avons laissé sur la gauche un vieux chemin appelé le *Chemin des Fontaines* depuis trois cents ans, parce qu'il conduit aux sources qui alimentent la ville de Dieppe. Dans la cour de la ferme qui fait l'angle des deux chemins, on trouve encore au niveau du sol les débris d'un ancien prêche élevé à Dieppe, après l'édit de Nantes, et démoli en 1685, lors de la révocation de cette ordonnance à jamais célèbre. C'était une construction octogone et presque circulaire comme les prêches de Caen et de Rouen. Il paraît bien qu'au commencement du XVIIe siècle, les protestants avaient en France un genre d'architecture approprié à leurs temples et à leurs autres constructions religieuses, ce qu'ils n'ont plus aujourd'hui, car ils s'accommodent de toutes sortes de bâtiments, même d'églises ou de chapelles catholiques.

Après avoir franchi la cavée de Caude-Côte, nous arrivons à l'ancien fief de ce nom, antique propriété des moines de la Trinité du Mont-lès-Rouen, à qui il avait été donné en 1030, par Gosselin, vicomte d'Arques, gouverneur de ce pays pour les ducs de Normandie. Dès ce moment, existait, sur le plateau désert qui nous sépare de la mer, la vieille chapelle de Saint-Nicolas, qui devait porter un autre nom, car le vocable de Saint-Nicolas ne pénétra dans nos contrées qu'à la fin du xie siècle, et non au commencement. Mais ce qui paraît certain, c'est que les moines de la Trinité ou de Sainte-Catherine-du-Mont envoyèrent des religieux de leur maison occuper le prieuré de Caude-Côte, et peut-être aussi desservir l'église de Saint-Remy de Dieppe, qui leur avait été donnée avec le fief. Nous voyons par les visites pastorales d'Eudes Rigaud que le prieuré de Caude-Côte était encore occupé au xiiie siècle. Il est probable que de Caude-Côte les religieux descendirent à Dieppe et installèrent leur prieuré autour de Saint-Jacques, dont l'église ne devint paroissiale et baptismale qu'en 1282. Une ancienne rue, dite *de l'Abbaye*, a conservé longtemps le souvenir d'un monastère disparu.

Saint-Nicolas de Caude-Côte resta une chapelle et un bénéfice simple dont le titre subsista jusqu'à la Révolution, tandis que la chapelle elle-même fut entièrement détruite en 1841.

A cette époque, elle ne renfermait plus d'intéressant qu'une fenêtre terminale du xiiie ou du xive siècle. Par des fouilles faites en 1861, nous nous sommes assuré, en effet, que ce dernier édifice devait être de ce temps.

Dans l'exploration que nous avons pratiquée alors, nous avons reconnu des pavés émaillés et des sépultures, avec vases à charbon du xive siècle. Dans un des angles du chœur, nous avons trouvé une cachette de 85 pièces d'or, allant de 1500 à 1568. Cette cachette dut avoir lieu vers 1572, à l'époque de la Saint-Barthélemy.

De Caude-Côte, on descend au hameau de Pourville, placé à l'embouchure de la Scie, que l'on traverse sur un pont de bois qui n'est accessible que pour les piétons.

Pourville, c'est la tristesse même. C'est une poignée de chaumières accroupies au pied d'un coteau couvert d'ajoncs et de bruyères. Au milieu sont les murs dépouillés d'une église qui rappelle l'abomination et la désolation dans le lieu saint. J'ai parcouru souvent les rives de la Scie, j'en ai admiré les sites gracieux ; je me suis souvent assis dans les frais vallons qu'elle arrose, au pied des châteaux de Longueville, de la Pierre, du *Mont-Pinson* et de *Charles-Mesnil*. Partout elle a réjoui mes yeux, mais ici elle a resserré mon cœur. Entre ces deux falaises, la pauvre rivière se perd dans une masse de galets qui lui barrent le passage et qui la forcent de se répandre en méphitiques alluvions. Elle fait mille contours pour se marier avec la mer ; quelques douaniers seulement sont témoins de sa pénible agonie, car les cabanes du hameau se sont éloignées d'elle, tant elle est triste à voir à ses derniers moments.

Pourville ne compte pas 12 feux. Il en avait 25 en 1704, et un curé, dont on montre encore le presbytère, occupé par un douanier, car le douanier est tout à Pourville. C'est lui qui a recueilli l'héritage de l'église et de l'empire : il fait faction à la batterie et loge au corps-de-garde. Il jouit des droits de varech, de péage, de pontage, de bris et d'épaves. Pourtant nous doutons que ce cumul de dignités et de privilèges puisse le distraire de l'ennui profond qui paraît avoir fixé son séjour avec lui. Sa pensée doit souvent se rembrunir à la vue de cette mer immense, où pointillent à l'horizon quelques voiles noires, de ces falaises hachées par le temps et les vagues, de ces roches d'Ailly qui sortent de la mer comme des dents de requins, et de ces masses énormes de galets que l'Océan roule éternellement sur ses rivages avec un affreux bruit de chaînes.

Du reste, ce qui résume parfaitement la tristesse du pays, c'est l'église qui n'est plus qu'un tas de pierres noires accumulées depuis cinquante ans sous les coups des orages. Il ne reste plus que des murs lézardés, des cintres brisés, des restes d'ogives, une pierre d'autel encore sur sa maçonnerie et quelques piédestaux de statues renversées. La ronce, le sureau et l'ortie avaient envahi cette enceinte, où l'on n'osait plus pénétrer. En 1861, nous avons fouillé l'intérieur de ce temple et nous avons rencontré une monnaie de bronze, des tuiles et des poteries romaines, à un mètre au-dessous de l'ancien pavage.

C'était dans l'église de Pourville que se faisaient, au xviiie siècle, les mariages mixtes de la ville de Dieppe entre ceux que l'on apppelait alors les *nouveaux réunis*.

Le plus grand monument de Pourville, celui qui mériterait seul une visite du voyageur, c'est une charmante croix de pierre du xvie siècle, autrefois dans le cimetière, aujourd'hui sur la place publique. — Le fût et la base sont en grès et datent de 1546 ; le croisillon en pierre de taille a été restauré en 1861. Ce joli calvaire de la Renaissance n'a pas moins de cinq mètres de hauteur, et il est assurément l'un des plus intéressants de la contrée.

A côté de l'église et de la croix, on avait construit, ces dernières années, une petite chapelle en l'honneur de saint Thomas de Cantorbéry, l'ancien patron de Pourville, où une foule de pauvres gens venaient encore en pèlerinage contre les fièvres. Nous avons déjà dit qu'une tradition sans fondement faisait aborder à Pourville le saint archevêque de Cantorbéry, qui débarqua à Hodie, près Gravelines. La chapelle vient d'être supprimée et transformée en une habitation.

Le nom de Pourville, autrefois Portville, semble indiquer un de ces anciens ports si nombreux sur les côtes de la Manche et surtout dans la Haute-Normandie. Pourville fut occupé à toutes ces époques de l'histoire. Des fouilles, pratiquées dans l'église, dans le presbytère et au *Jardin du Parisien*, nous ont montré des débris romains jonchant le sol. En 1844, sur la plage même, au-dessous du corps-de-garde des douaniers, on a recueilli quatre-vingts monnaies d'or des Césars, du ive et du ve siècle. En 1861, on trouva de nouveau dix-huit pièces d'or de Valentinien Ier, de Valens, de Théodose, d'Arcadius et d'Honorius. Sur la côte occidentale qui est en face, tout près du pâtis de Saint-Thomas, plusieurs cercueils de pierre se sont montrés vers 1829. Une fouille, pratiquée en 1862, nous a fait découvrir des squelettes et des plaques de ceinturon. Nous nous sommes convaincu qu'il y avait eu là un cimetière mérovingien.

En 1861, la plage de Pourville nous a donné également un ou deux florins d'or du xive siècle.

A cette période du moyen-âge, Pourville était fréquenté par une marine quelconque, car M. Méry, ancien ingénieur à Dieppe, fouillant un jour dans de vieux titres, y découvrit le tarif des droits que payaient les *nefs* qui débarquaient à Pourville.

Le seigneur de Hautot, suzerain de ces lieux, avait

établi la coutume et percevait les droits. M. d'Estaintot, étudiant l'histoire de la maison d'Estouteville, a trouvé au château de Valmont la preuve de ces droits seigneuriaux. Ces châtelains déclarent avoir droit de coutume sur ce qui se chargeait et se déchargeait au havre de Pourville. Ils assurent également posséder « audit havre un bateau pour passer et repasser les allants et venants de côté et d'autre. »

Mais la grande célébrité de ce pauvre village, c'est la chute que fit dans la rivière la fameuse duchesse de Longueville, l'héroïne de la Fronde et presque du XVIIᵉ siècle. Voici le fait :

« En 1650, cette illustre princesse, issue du sang royal, désirant venger la détention de son mari, se retira en Normandie avec le projet de soulever cette riche province contre l'autorité d'un roi enfant. Repoussée par le Parlement de Rouen, elle se confina au château de Dieppe dont le gouverneur, Philippe de Montigny, lui livra les clés. De là, elle prétendait menacer la ville et même la raser avec du canon ; mais les Dieppois, ayant demandé au roi un chef capable de les conduire, essayèrent de reprendre le château ou au moins d'effrayer la duchesse. Ils commencèrent par occuper toutes les portes, empêchant ainsi les soldats d'entrer ou de sortir ; puis, la nuit, ils allumèrent des falots dans toutes les rues et mirent des lanternes à chaque maison pour faire croire que la ville veillait en armes et se préparait à quelque grande entreprise. Ce stratagème réussit : dès la nuit même, la duchesse se fit ouvrir précipitamment la porte de la citadelle qui était derrière le château ; elle fit baisser le pont-levis, puis se sauva à pied, le mieux qu'elle put, avec ses plus fidèles domestiques.

« L'intendant de sa maison donna ordre aux autres de les suivre à l'instant avec leurs chevaux, chaises et bagages, pour se joindre à la descente, et l'on conduisit Son Altesse par le chemin qui tend au village de Portville, au bas de la côte, jusqu'à la rivière.

« L'aimable et bonne princesse, encore effrayée de la peur, tomba malheureusement dans l'eau, au passage, mais elle en fut, sur-le-champ, retirée toute tremblante et menée dans la maison du curé, qui accourut au-devant de Son Altesse et qui la reçut avec toute sa suite, le plus honnêtement qu'il lui fut possible, dans son petit presbytère. La princesse parut si consolée de la bonne réception du curé qui se nommait Letellier, lequel fit apporter tout son bois pour la réchauffer et ouvrit sa cave pour donner son cidre à boire à ses gens jusqu'au point du jour, qu'en reconnaissance elle lui assigna, sa vie durant, une pension de deux cents livres sur un bénéfice en Picardie, dont il a toujours été bien payé.

ainsi que l'a appris de lui-même l'auteur de ces mémoires. Elle lui permit également de prendre, chaque année, deux cents fagots dans le bois d'Hautot, qui relevait de la châtellenie de Longueville. »

En 1582, dans les premiers jours de novembre, M. de Sygogne, cet infatigable gouverneur de Dieppe, franchissait la Scie, un peu au-dessus de Pourville. Malheureusement, son cheval tomba dans une fondrière : le pauvre animal, en se débattant pour se tirer de ce mauvais pas, renversa dans l'eau son maître et lui donna un violent coup de pied dans l'estomac. On retira de l'eau l'infortuné gouverneur, mais sa blessure était si profonde, qu'après quatre jours de souffrances atroces, il mourut, le 5 du même mois, au château de Dieppe. Son corps fut transporté à l'église de Saint-Remy et inhumé dans la chapelle de la Sainte-Vierge, au côté de l'Epître. Brisée à coups de masse en 1794, son image funèbre a été retrouvée, en 1845, au fond d'une cave. Sur le tronc en marbre blanc, on reconnaît les armes et le collier de l'ordre de Saint-Michel.

Avant de quitter la plage de Pourville, n'oublions pas de signaler à la bienveillance du lecteur l'humble établissement de bains à la lame, fondé, en 1858, par M. Lemaître, géomètre de notre ville. Puisse ce grain de sénevé, tombé du grand arbre dieppois, devenir un modeste arbuste qui couvre un jour de ses rameaux bienfaisants cette terre aride et désolée !

De Pourville, on monte une côte d'où l'on jouit d'une fort belle vue de mer, puis on entre dans Varengeville, un des villages normands les mieux plantés. Vous admirerez surtout la tenue des chemins mis en bon état longtemps avant la création des lois sur la voirie. Ce qui vous étonnera, peut-être, c'est que, malgré la haute plaine où il est situé, ce village possède des fontaines et même des sources minérales qui, au siècle dernier, eurent une vogue momentanée pour retomber ensuite dans un profond oubli. Nous laissons de côté la place de l'*Epine* où fut, avant la Révolution, une chapelle de Saint-Victor, construite avec du grès, en 1660, et transformée en une habitation particulière, et l'ancienne grange des *Dîmes* que l'on appelle encore la *grange de Conches*, parce que les décimateurs de la paroisse étaient l'abbé et les moines de Conches en Normandie.

De là, nous arrivons à l'église que nous devons saluer un moment, car elle est admirablement située sur le bord de la falaise et en vue de la mer. Une tradition du pays veut qu'elle ait été portée là par saint Valery, abbé de Leuconaüs et apôtre de ces contrées. Les habitants de la paroisse avaient tenté de la construire au milieu du village, dans un champ qu'ils nous montrent encore;

mais, la nuit, le saint transportait les pierres de l'édifice dans le lieu où il se trouve aujourd'hui. Il fallut bien lui céder la victoire, et, depuis ce temps, le pieux missionnaire jouit de la mer qu'il aime, et contemple ces rivages, éclairés par sa parole et arrosés de ses sueurs. Une tradition entièrement semblable existe également pour l'église d'Etretat que l'on dit bâtie par sainte Olive.

Vraiment l'église de Varengeville a dû être placée là par la main des saints, car nulle main d'homme n'eût été assez hardie pour l'asseoir sur ce rocher. Une tête mortelle eût tourné à la vue de tant de périls, nul cœur humain n'eût été capable de l'entourer de tant de poésie. Elle est là entre le ciel et la terre, placée sur la bruyère, comme un navire flottant sur l'Océan. Elle voit à ses pieds la mer qui lui rend hommage, les flottes de pêcheurs qui la saluent de leurs espérances, la côte qui s'ouvre comme une baie et qui semble s'abaisser par respect.

L'église actuelle n'est plus qu'un tronçon du passé. Elevée d'abord au XIe siècle, elle fut donnée en 1035 à l'abbaye de Conches. De cette époque, il ne reste que quelques murs du côté du Nord. Le clocher était une fort belle construction du XIIIe siècle; malheureusement, la flèche a été cent fois frappée par la foudre. Le XVIe a ajouté à cette église une aile méridionale construite avec du grès. On serait tenté d'attribuer cette addition à la munificence d'Ango, alors châtelain de Varengeville. Sur ces pierres sont gravés des sirènes, des dauphins, des poissons, des coquilles, tous attributs qui devaient suivre de près le roi de la mer. En 1863, cette église a été parfaitement décorée par son curé et ses paroissiens, bien secondés par le gouvernement. Pénétrez dans l'intérieur et vous ne regretterez pas votre visite.

Après l'église du Tréport, aucune autre église en Normandie n'est plus poétiquement assise sur les bords de la Manche que l'église de Varengeville. Elle est seule au milieu des landes, sombre et austère comme le rivage qu'elle habite ; elle commande la mer, mais elle est décimée par les tempêtes. Sa flèche, ses toits, ses fenêtres ont été mille fois abattus par les vents ou renversés par les orages. Un *Câtelier* romain est dans le voisinage : c'est, dit le peuple, la *tombe du petit doigt de Gargantua*. Guerre et paganisme, la vieille église a tout vaincu ; mais, à son tour, elle est menacée par l'Océan. La mer, qui ronge sans cesse les falaises, s'avance à grands pas vers elle ; déjà elle a creusé sous ses pieds un abîme. Elle aura beau avoir été bâtie par la main des saints, habitée par des moines primitifs, consacrée par la main des pontifes et sanctifiée par sept siècles de prières, rien de tout cela ne sera assez fort pour conjurer la mer, pour exorciser ce dragon terrible qui se rue à *grande erre* sur sa proie, et qui, de sa bouche béante, semble prêt à l'engloutir pour toujours !

En quittant l'église et le *Câtelier* de Varengeville, on se dirige vers le phare d'Ailly que tous les historiens de ce pays disent avoir été construit en 1775 par la Chambre de Commerce de Rouen ; c'est probablement de Normandie qu'ils veulent dire, car les chroniqueurs havrais nous assurent que les phares de la Hève ont été construits en 1774 et en 1775 par le roi de France, sur la demande de la Chambre de Commerce de Normandie. Si les feux de la Hève succédaient à l'ancienne *Tour des Castillans*, destinée à éclairer l'entrée de la Seine et le port de Harfleur dès 1462, le phare d'Ailly peut être aussi considéré comme le successeur de l'ancienne *Lanterne* de Dieppe. Cette lanterne, dont nous avons reconnu les restes en 1848, lors de la destruction de la butte du Moulin-à-Vent, se composait d'une tour en pierre placée alors à l'entrée du havre de Dieppe. Le *Cueilloir* de nos archevêques parle de ce phare dès 1396, et la *rue de la Lanterne* me paraît le dernier vestige de cette coutume maritime, dont l'origine se perd dans la nuit des temps.

Les phares maritimes furent toujours l'objet de la sollicitude de nos rois. En 1725, Louis XV fit réparer et exhausser le phare du Cordouan, à l'embouchure de la

Garonne. Cette vieille tour, élevée sous Henri III, en 1585, avait été restaurée par Henri IV et par Louis XIV en 1665.

Les feux de la Hève sont fixes, celui d'Ailly est à éclipses ; depuis qu'on y a installé le système Fresnel, en 1852, il projette en mer une lumière de plus de 26 milles de portée. Ce phare, véritable étoile de la mer, se compose d'une « haute et grosse tour quadrangulaire, construite à grands frais en belles assises de pierres taillées à facettes et décorées de petits modillons et de frontons arrondis, dont le style, tant soit peu *Pompadour*, contraste étrangement avec cette mer imposante et l'aridité sauvage de ces bruyères qui s'étendent à perte de vue. Toutefois ce contre-sens est de peu d'importance ; mais ce qui est plus grave, c'est que les ingénieurs qui ont élevé cette tour ont eu l'imprudence de la placer à quatre-vingts toises seulement du bord de la falaise. Or, depuis soixante ans, trente ou quarante toises se sont déjà écroulées dans la mer. Il y a donc presque certitude qu'à une époque qu'on peut à peu près fixer, le phare, par quelque nuit d'hiver, sera précipité dans les flots. On a eu beau lui donner une solidité toute égyptienne, pour ainsi dire, choisir les plus beaux matériaux, les entasser dans un bastion de citadelle ; il résisterait sans doute à dix siècles de tempête ;

mais à quoi bon ? Ses jours sont comptés comme à un condamné, et sans espoir de grâce ; car cette mer est semblable à la Fatalité des anciens : elle ne peut pardonner. »

Ce qui prouve, en effet, combien cette mer est cruelle et impitoyable, ce sont ces longues roches de grès qui composent le cap d'Ailly et qui semblent vouloir former le barrage de l'océan. Ces masses de grès, hautes comme des maisons, étaient jadis couchées dans le sol des falaises disparues sous les efforts de la pluie, des vents et de la mer. Car le grès parmi nous est un véritable bloc erratique, déposé dans la brèche de nos terrains supérieurs par les derniers courants diluviens qui ont sillonné la surface du pays que nous habitons.

L'homme a peut-être contribué autant que la nature à la destruction du cap d'Ailly et à mettre à nu ces blocs gigantesques. Il ne faut pas perdre de vue qu'au XVIe et au XVIIe siècle, Dieppe et les environs sont venus avec des *nefs*, des bateaux, des alléges, chercher ici du grès pour la construction des églises, des châteaux et des forteresses. Je suis profondément convaincu par la tradition et par les archives que la plupart des églises de l'arrondissement de Dieppe ont été refaites ou agrandies au XVIe siècle, avec le grès du cap d'Ailly. Comme dernier vestige on montre encore au pied de la falaise même du promontoire une descente qui s'appelle le *port des Moutiers* ou le *port des Eglises.*

En quittant le phare d'Ailly pour nous rendre à Sainte-Marguerite, nous traversons une lande de bruyères sauvages et stériles comme celles de l'Ecosse. C'est la prairie communale de Sainte-Marguerite, restée en fort mauvais état, par la raison bien simple qu'on ne s'y intéresse pas et que ce qui appartient à tout le monde n'appartient à personne.

Il y a quarante ans, le voyageur qui, du sein de ces bruyères, eût fixé ses regards sur l'embouchure de la Saâne, ne se fût certes jamais douté des trésors que renfermait cette contrée sauvage. En voyant se dérouler à ses pieds cette rivière agonisante, traversant péniblement les galets qui s'opposent en masse à son passage ; en apercevant ces marais infects d'où s'exhalent périodiquement des fièvres et des épidémies ; cette plage déserte et inhospitalière, toujours battue par la vague ; ces falaises hachées par les tempêtes ; ce corps-de-garde de l'Empire, peuplé par quelques douaniers que le fisc attache à cette glèbe barbare ; ces pauvres chaumières qui se sont enfuies loin, bien loin de la mer et du fleuve, auquel elles ont abandonné, depuis longtemps, le domaine exclusif du vallon ; — à coup sûr il n'eût jamais soupçonné que là, sous ces stériles galets, sous l'herbe de ces prairies, gisait, à l'état de squelette, un des plus riches établissements romains de la Gaule septentrionale. Cette terre, aujourd'hui inhabitée, a donc été le siége d'une grande puissance dans les temps antiques ; des hommes d'armes y reposent, de grandes dames, de grands seigneurs y ont passé ; leurs dépouilles y sont encore : voilà leurs galeries, leurs bains, leurs temples et leurs salles de jeux.

Mais reprenons : vers 1822, la charrue, la première, découvrit, sur la butte de Nolent, une superbe mosaïque romaine qui attira l'attention de M. Sollicoffre, déjà éveillée par des cercueils trouvés sur la falaise. La duchesse de Berry, étant à Dieppe, visita ces ruines et désira les faire explorer par son fouilleur en titre, M. Feret, qui avait déjà fait de brillantes découvertes à Caude-Côte, à Limes et à Braquemont. Cette fille de Parthénope aimait les fouilles historiques de nos rivages, comme un souvenir de Pompeïa et d'Herculanum.

1830 arrêta ce premier élan ; mais M. Vitet, l'un des princes de l'archéologie française, le fit renaître plus puissant et plus efficace que jamais. En 1833, son *Histoire de Dieppe* lui fournit l'occasion de réveiller, sur ce point, l'attention publique. Aussi de 1839 à 1846 le Gouvernement, le Conseil général et la Préfecture, n'ont cessé d'encourager les fouilles de Sainte-Marguerite ; M. Ferot s'est fait, pendant sept ans, l'éditeur patient de cette grande œuvre, et chaque campagne ajoutait à sa gloire et aux faits scientifiques.

En 1842, il a publié, dans le *Bulletin monumental*, le plan général d'une superbe villa, comparable aux plus beaux monuments de ce genre que possèdent l'Angleterre et l'Allemagne. On croyait l'exploration complète et terminée ; la campagne de 1846 agrandit encore les espérances : une longue galerie pavée et incrustée en mosaïque, un édifice circulaire, renfermant des bains, un monument quadrangulaire, imitant les temples décrits par Vitruve et fouillés en Italie, ont révélé une source nouvelle de richesses archéologiques. Il était donc immense, cet établissement de Sainte-Marguerite, dont nous n'avons fait qu'entrevoir les vestiges !

En 1862, de nouvelles fouilles ont été faites à Sainte-Marguerite, au-dessous du grand établissement romain. Là, dans un champ nommé le *Roquelle*, j'ai découvert cinq ou six colonnes funèbres et tuiles romaines et des restes d'incinérations qui peuvent bien remonter au iie siècle.

L'étude approfondie des peintures, des mosaïques et du monument lui-même, a fait supposer que des chrétiens avaient passé là. L'absence totale des divinités païennes, de sujets mythologiques sur les murs et sur les pavés, rappelle cette chaste simplicité des premiers disciples du Christ, dont parle Sidoine Apollinaire, dans la description de sa *villa*. Toutefois la splendeur de l'édifice, la variété si gracieuse des mosaïques, la richesse et la diversité des marbres qui décoraient les appartements, font présumer que ce fut l'habitation d'un chef romain, préposé à la garde des côtes, au temps des invasions des barbares. Les sépultures d'hommes armés, que l'on a retrouvées dans le jardin, ne permettent guère de douter de la destination militaire de cet établissement. On croit encore, à la forme des lances et des sabres, reconnaître ces débris de légions étrangères, tour à tour auxiliaires ou victorieuses des maîtres du monde, pendant le quatrième et le cinquième siècle de notre ère.

Mais laissons aux antiquaires le soin d'expliquer ces ruines et de nous dire si le palais de Sainte-Marguerite-de-Caprimont est la station anonyme de *Portus*, marquée sur la table Théodosienne à X milles de *Gravinum*, sur la voie romaine qui conduisait de *Juliobona* (Lillebonne) à *Gessoriacum* (Boulogne). Pour nous, après avoir félicité l'habile explorateur de ce riche et profane édifice, gagnons la modeste église du village, dont l'humble clocher domine un groupe d'arbres, bien maltraités par les vents, et qui semblent, de leurs branches recourbées, faire un épais rempart à la maison du Seigneur.

La petite église de Sainte-Marguerite s'annonce assez mal, il est impossible de voir un portail plus nu et plus insignifiant ; mais à peine avez-vous mis le pied sous le porche, à peine vos yeux ont-ils pénétré dans la nef, que vous vous sentez saisi de respect, vous entrez dans un des plus vieux monuments du pays. Cette église fut bâtie tout entière au xie siècle, avec la pierre tuffeuse de nos vallées ; mais, au xvie, elle a été considérablement agrandie avec le grès des roches d'Ailly, exploitées par les *carrieux* de Varengeville. Ainsi nous retrouvons dans ce petit monument le tuf et le grès, ces deux matériaux indigènes qui caractérisent ici les deux grandes époques de nos constructions ecclésiastiques.

La partie la plus remarquable de cette église, c'est le chœur ou plutôt le sanctuaire, où l'abside circulaire renferme des cintres croisés dont l'intersection produit une série de lancettes ogivales. Ces ogives *accidentelles* se rencontrent souvent en Normandie dans les églises romanes du xie siècle, témoin l'abbaye de Graville, près le Havre.

Il y a trente ans, ce curieux chancel était couvert de chaume, comme les habitations des villages, il était menacé d'une ruine prochaine, sans l'intervention de M. Foret qui obtint de la commune une réparation, dont luimême présida le travail. Le patient antiquaire porta l'attention jusqu'à numéroter les anciennes pierres, afin de les remettre fidèlement à leur place. Si bien qu'il a pu écrire avec vérité sur l'extrémité du sanctuaire : « *Restitutum anno* M DCCC XXVII. »

En 1856, nous avons été assez heureux pour compléter la restauration de l'abside de Sainte-Marguerite, en remplaçant une grossière ouverture en briques du xviiie siècle au moyen d'une jolie fenêtre romane exécutée dans le style même de l'édifice. Nous devons le dessin de cet excellent travail à la bienveillance de M. Barthélemy, architecte de la cathédrale de Rouen. Un vitrail représentant sainte Marguerite, et sorti des ateliers de M. Lusson, de Paris, a complété l'œuvre, dont la dépense a été couverte par un don de l'Empereur. Aussi vous lirez au bas de l'humble verrière : « *Ex dono Napoleonis III, imp.* »

Cet antique sanctuaire renferme un curieux morceau liturgique, je veux parler du maître-autel en pierre qui doit remonter au xiie siècle et peut-être au xie, comme le pensent MM. Vitet et Batissier. C'est une table de pierre posée sur une masse de cubes de la même nature, comme tous les autels décrits par Yves de Chartres.

Celui de Sainte-Marguerite est plus orné que les autres, on voit sur le devant de jolies colonnes romanes couronnées de chapiteaux ornés par des enroulements. Celui du milieu présente même des têtes d'hommes. Ces colonnettes étaient jadis ornées de peintures, dont les bandes blanches et bleues montaient en spirales alternatives

Cet autel est un des plus curieux qui existent dans la France septentrionale ; ainsi l'ont jugé les antiquaires, à la tête desquels il faut placer M. de Caumont. Aux yeux des liturgistes, il n'a pas un intérêt moins grand qu'aux regards des artistes et des archéologues. C'est pour tous ces motifs que le département de la Seine-Inférieure s'est empressé de le faire restaurer en 1851.

On peut dire que l'intérêt qui s'attache à Sainte-Marguerite repose tout entier sur son autel, son sanctuaire et ses ruines romaines. Du jour où ces trois points lui manqueront, il deviendra ce qu'il est par lui-même, le plus prosaïque village de la terre.

N'oublions pas toutefois le charmant colombier du château de M. de la Tour, où la brique et la pierre forment une agréable marqueterie comme dans celui du manoir d'Ango. « Dans le régime ancien de la Normandie, dit M. Couvet, la possession d'un colombier était l'apanage exclusif des propriétaires de fief. Ce droit figurait parmi les privilèges seigneuriaux, à côté du four et du moulin banal, de la possibilité d'avoir garenne ouverte, du droit de chasser et de pêcher, à l'exclusion de tout autre, dans le ressort du fief. L'adjonction d'un colombier rempli de pigeons aux bâtiments d'une habitation champêtre était, dès lors, un signe précieux de noblesse et de suzeraineté. »

Cependant, avant de quitter les bouches de la Saâne si rudes et si délaissées, portons nos regards vers Longueil et Ouville, ces deux verdoyants villages qui ornent si bien le cours de cet antique ruisseau. Ouville n'a pas de passé. Quelques établissements industriels fraîchement bâtis, une église dont tout l'ornement date d'hier et des générosités de M. de Tous-les-Mesnils, voilà Ouville auquel on joindra peut-être un gentil châtelet, miniature de forteresse, dont les eaux et les bois font le plus grand ornement. Mais Longueil a eu plus d'importance, il peut vous montrer sur la colline les ruines d'un vieux château, dont les seigneurs étaient riches et vaillants. Leur sang a coulé sur les champs de bataille, des titres pompeux ont entouré leurs noms et des fondations pieuses ont fait bénir leur mémoire. Saluons donc sur ces pierres écroulées, dans ces fossés demi-comblés, l'ombre de Geoffroy Martel, sire de Longueil, gouverneur de Pontoise, bienfaiteur de l'abbaye de Longueville, fondateur de la chapelle de Saint-Sauveur à Saint-Jacques de Dieppe, et tombé sous le fer des Anglais à la bataille de Poitiers, comme son fils Guillaume, gouverneur de Caen et de Dieppe, tomba plus tard à celle d'Azincourt.

L'église de Longueil, intéressante par ses vitraux, l'est encore plus, parce qu'elle fut, en 1685, le berceau du poète Richer, l'un des traducteurs de Virgile, et qu'en 1703, elle devint le tombeau du prêtre Asseline, le plus illustre des chroniqueurs dieppois. Tous ces souvenirs enrichissent pour nous la vallée de la Saâne et lui donnent un charme encore plus grand que ses frais ombrages et ses vertes prairies.

Maintenant revenons à Dieppe par la plaine et remontons la colline en laissant à gauche le château de M. de la Tour, habitation pacifique près de laquelle on a trouvé, il y a quelques années, une urne en verre bleu remplie d'ossements brûlés.

Après avoir traversé de nouveau le village de Varengeville, nous arrivons au manoir d'Ango, qui n'est plus qu'un vaste corps de ferme ; mais dont les granges, les bergeries et le colombier ont une élégance et une majesté qui attestent une puissance tombée. En effet, ce n'est pas pour un fermier qu'ont été construites ces charmantes murailles et qu'a été formée cette enceinte véritablement princière. Tout cela a été bâti pour le Médicis de Dieppe, pour le célèbre Jean Ango, l'armateur des rois, comme Jacques Cœur en était le banquier. Il est impossible de n'être pas frappé de la différence qui existe entre cette forme et toutes celles que nous avons vues; aucune n'avait cette physionomie artistique et presque royale. Toutefois ce n'est point ici un château comme on en trouve tant en Normandie. L'homme qui a fondé ce séjour n'était pas un guerrier bardé de fer et tenant au sol par une longue génération d'ancêtres : non, c'était un parvenu de la fortune, un enfant de la Providence, comme il s'appelait lui-même, le fils d'un siècle à idées neuves, et qui répudiait déjà les mœurs et les coutumes du passé.

Aussi cette maison n'a pas d'ancêtres, elle n'a rien de féodal ni de militaire, c'est la maison de campagne d'un négociant, genre de profession presque inconnue alors et entièrement nouvelle pour la campagne. Ango ne greffa point sa demeure sur les bastions et les souterrains d'un vieux château ; il la posa au bel air, au milieu des champs, sur un terrain nouveau, comme sa fortune. Il en demanda aussi le plan à des architectes et à des artistes parfaitement révolutionnaires au point de vue des arts ; aussi leur œuvre n'a rien de gothique ni d'ogival ; c'est une conception entière de cette Renaissance qui n'avait pas de père et qui n'a pas eu d'enfants. Et puis il n'y avait point de modèle dans le genre de travail que demandait Ango.

Une seule chose m'a parue féodale au manoir de Varengeville, ce sont les fossés jadis remplis d'eau et aujourd'hui comblés qui entouraient la demeure ; mais ce pouvaient être des lacs pour la promenade et la pêche plutôt que des douves militaires pour la défense. Rien, à mon avis, n'est plus curieux que ce carré de bâtiments formés par la maison d'Ango et ses dépendances, que cette cour partagée par un pavage, débris de l'opulence, et édifiée d'un colombier, reste d'un privilège seigneurial et d'un art très avancé. C'est avec le plus grand plaisir qu'on parcourt cette enceinte et que l'on étudie les détails de chaque construction : les portes, les fenêtres, les tourelles, les colonnes, les pilastres, les chapiteaux, les toits et les cheminées ont une physionomie si curieuse, si étrange, si originale et si pleine de goût tout à la fois que l'on ne sait lequel admirer le plus ou de la puissance qui a commandé ou de l'art qui a exécuté.

Ne manquez pas de pénétrer dans l'intérieur, de visiter les escaliers, les galeries, les chambres et les salles, et vous trouverez partout à étudier, aussi bien sur le pavage que vous foulez aux pieds que dans les peintures qui dominent vos têtes. Surtout ne manquez pas de vous arrêter dans la curieuse galerie où M. Labbeville a découvert, en 1856, une série de précieuses peintures murales, exécutées vers 1542. Parmi les sujets que sa patience d'artiste a fait revivre, vous distinguerez surtout *le Serpent d'airain*, scène biblique traitée avec autant de grâce que de grandeur.

A quel moment le célèbre Ango a-t-il construit cette riche demeure ? Tout porte à croire que ce fut de 1530 à 1540, époque de sa plus haute prospérité ; cette construction dut suivre de près la riche maison de bois qu'il s'était fait bâtir sur le quai de Dieppe et qui surpassait en beauté tout ce que possédaient en ce genre la France, l'Italie, l'Allemagne et l'Angleterre. Sur la pierre d'un pilastre du manoir nous avons lu le chiffre de 1542, ce qui prouve qu'Ango y faisait encore travailler à cette époque ; mais dix ans après, le puissant maître de ce palais mourait pauvre et abandonné dans une des tours du château de Dieppe, où ses créanciers l'avaient enfermé.

D'avides créanciers se partagèrent les dépouilles de ce roi de la mer, et le pauvre manoir a changé de mains comme d'habitants. A présent, il est la propriété de Mme Quèvremont, veuve d'un banquier de Rouen. On pourrait dire qu'il est revenu à son origine, car, né de la finance, il devait retourner à la banque, l'argent d'ailleurs étant l'instrument des grandes choses de ce monde; mais il serait à désirer que ses derniers maîtres eussent pour lui quelque chose du culte et de l'affection de son premier fondateur.

Ce pauvre manoir, condamné à abriter désormais des bestiaux et des fermiers, semble avoir la triste conscience du changement de ses destinées. En voyant ses murailles tronquées, ses grands toits aigus, ses toitures d'ardoises et de plomb remplacés par ces pesantes couvertures qui l'écrasent, et ce fumier en guise de fleurs, et ces lourds valets de ferme au lieu de pages et d'élégants varlets, ce pauvre château a paru comprendre sa décadence, et de riant qu'il était, il est devenu mélancolique et sévère.

En quittant le manoir d'Ango, nous gagnons Hautot-sur-Dieppe, village qui suit immédiatement Varengeville, et qui forme avec lui une série continue de fermes et de chaumières. Hautot, aujourd'hui la simplicité rustique par excellence, fut autrefois une haute châtellenie, d'où dépendaient les bouches de la Scie, le faubourg de la Barre et le port de West, le plus vieux quartier de Dieppe; aussi les châtelains de Hautot avaient-ils, dans notre ville, pleine juridiction et haute justice : ils y tenaient leurs plaids et hommages, et la *porte d'Estoute-*

9

ville, placée au bout de la rue de Sygogue, l'ancienne rue des Petits-Puits, et démolie en 1855, était assurément le dernier débris de gloire et de puissance féodales du château de Hautot, entré plus tard dans la maison d'Estouteville. « Les sires d'Estouteville, ajoute M. d'Estaintot, avaient droit de varech depuis la porte de Dieppe nommée anciennement *porte d'Estouteville*, où depuis a été placé l'*abreuvoir*, jusques et y compris l'étendue de la paroisse de Varengeville et le port d'Ailly. »

Il faut maintenant rechercher dans un bois taillis, au fond d'un vallon désert et sur la pente d'une colline abrupte, la place de cette vieille forteresse qui compta parmi ses maîtres des princes et des princesses et surtout la fameuse duchesse de Longueville. En grimpant péniblement à travers des halliers, fréquentés seulement par des chasseurs de renards, on découvre les fossés profonds qui entouraient les épaisses murailles du château. On chercherait vainement où était la chapelle de Saint-Georges, logée dans cette enceinte. Il reste juste de la forteresse assez de fragments pour attester son importance antique ; mais la vue de ces ruines attriste l'âme en lui montrant mieux qu'on ne pourrait le faire tout le néant des grandeurs d'ici-bas.

Ce qui n'a pas été détruit, ce qui revit toujours, c'est l'église sans cesse transformée sous la main de ses enfants, mais toujours aussi renaissante au milieu de leurs demeures comme la foi en Dieu qui vit éternelle au fond du cœur des hommes.

Cette église, humble et modeste, a encore vu les châtelains, surtout le chœur qui est une jolie construction du XIIIe siècle; mais la nef et les transepts ont été refaits avec du grès en 1559, et le clocher a été greffé au portail vers 1580. Le grès était tellement devenu matière ecclésiastique dans ce pays, que les croix mêmes, soit celles des cimetières, soit celles des chemins, ont été taillées avec cette pierre dure du cap de l'Ailly. Toutefois qui est-ce qui oserait dire que les pierres du vieux château de Hautot n'ont point servi à élever le clocher, lorsque nous voyons les Minimes les enlever en 1583, pour bâtir leur chapelle, devenue maintenant le tribunal de Dieppe?

Hautot, pour s'agrandir comme commune et comme paroisse, s'est emparé des anciennes paroisses de Pourville et du Petit-Appeville, à présent devenues des hameaux à peu près sans église. Nous avons vu au départ les restes de Saint-Pierre de Pourville, au retour nous saluerons Saint-Remy du Petit-Appeville, tout fraîchement sorti de son tombeau. Cette pauvre église a conservé son clocher, tour de grès jadis couronnée par une flèche d'ardoise démolie, en 1855, par mesure de sûreté publique. La nef et le chœur, maçonneries de 1750, ont été délaissées de 1790 à 1862. Les pauvres gens du hameau ont vu, pendant trois quarts de siècle, tomber chaque jour leur église qu'ils ne pouvaient relever. Ils n'ont pas à se reprocher d'avoir arraché une seule pierre de ses murailles.

Vers 1857, la vente de cette église fut autorisée par un décret, mais personne n'a voulu acheter un seul de ses fragments. Au contraire, en 1862, la population s'est animée d'un mouvement généreux, et, par un miracle de la grâce, ces murs silencieux et déserts sont redevenus une maison de Dieu.

Sous les décombres et les broussailles, qui remplissaient naguère l'enceinte du temple abandonné que nous croyons condamné à mourir, étaient cachées des inscriptions et des pierres tombales. Ces dalles recouvraient la sépulture de vieux guerriers, les restes héroïques de ces bandes victorieuses que les gouverneurs de Sygogne et de Chattes conduisaient à travers le pays.

Il paraît bien que les vétérans de la garnison de Dieppe se retiraient autrefois au Petit-Appeville, pour y jouir paisiblement de leur retraite dans une chaumière et en cultivant leur jardin. Ils étaient ensuite inhumés dans l'église qu'ils avaient peut-être servie dans leurs dernières années comme frères de la charité. Ainsi, à

Eglise du Petit-Appeville en 1850.

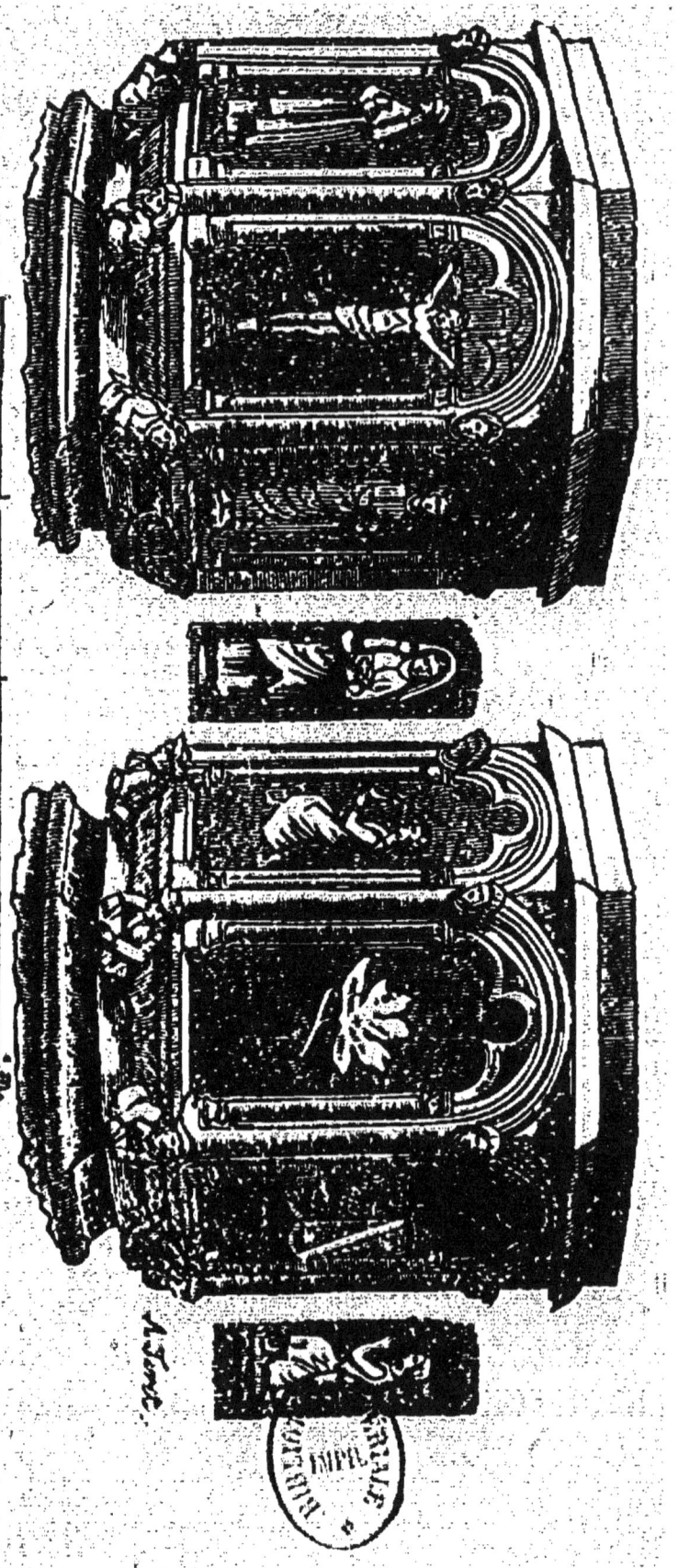

Baptistère en pierre du xve ou xvie siècle, anciennement dans l'église du Petit-Apeville.

peu de distance, et sous la protection du même pontife, nous retrouvons toute la milice catholique de Dieppe au temps de la Ligue. Les gouverneurs reposent à Saint-Remy de Dieppe; les archers sommeillent à Saint-Remy du Petit-Appeville.

Nous avons voulu conserver pour la postérité les dalles et les inscriptions du Petit-Appeville, dernières pages d'un drame curieux et terrible. Avec la bienveillance de M. le Préfet, nous avons fait encastrer dans les murs du chœur de Hautot ce suprême mémorial de ces guerriers royaux et catholiques.

Ajoutons tout de suite que dans cette même année 1855, nous avons pu sauver le vieux baptistère de pierre du Petit-Appeville, en le rachetant 25 fr. à la fabrique de Hautot. Depuis, MM. de Banastre et Belot l'ont fait restaurer avec soin et transporter, en 1857, dans l'église de Routes (près Doudeville), dont il est à présent le plus bel ornement. Nous sommes assez heureux, grâce au talent de M. Amédée Feret, pour pouvoir offrir au lecteur un dessin de ce baptistère.

Du Petit-Appeville, deux chemins se présentent pour nous ramener à Dieppe, l'un sous terre, l'autre au-dessus. Nous pourrions prendre ici l'entrée d'un tunnel de 1,800 mètres qui, depuis 300 ans, conduit les eaux de la vallée de la Scie dans tous les quartiers de Dieppe. Ce travail de géant, commencé en 1534 et terminé vers 1557, est l'œuvre d'un nommé Toutain, homme de cœur et de tête qui sortit des rangs du peuple pour s'immortaliser par cet acte de génie. Ce pauvre homme se ruina à cette longue et pénible entreprise, et l'on raconte qu'il est mort en prison et insolvable comme presque tous les inventeurs. De nos jours, on a vu un simple maçon d'Yport, nommé Bigot, exécuter seul, en 1842, un tunnel de près de 1,000 mètres pour conduire les eaux de Grainval au port de Fécamp. Ces deux hommes doivent avoir entre eux de grands traits de ressemblance.

Ce tunnel des fontaines de Dieppe est un des travaux les plus curieux que l'on puisse voir. Nous engageons l'étranger qui passera quelques semaines dans notre ville, à visiter cette entreprise cyclopéenne.

Pour nous, aujourd'hui, nous monterons la côte du Petit-Appeville par l'ancienne route impériale qui conduit du Havre à Lille. Ce grand chemin, commencé sous Louis XVI vers 1775, n'a été terminé que sous Napoléon Ier, après 1804. Au haut de la côte de Dieppe, cette route s'unit à celle de Rouen et toutes deux longent le cimetière de la ville, transporté ici par suite de la déclaration de Louis XVI, du 19 novembre 1776. Ce ne fut du reste qu'en 1784 que la translation fut décidée, et l'on ne commença à y inhumer qu'en 1789. Depuis ce temps, il a fallu l'agrandir plusieurs fois, car il devenait trop petit *tant la mort était prompte à remplir les places*, comme dirait Bossuet.

Ceci dit, nous rentrons à Dieppe qui n'est guère plus qu'une ombre du passé.

PROMENADE

Au Bourg-Dun, par le Mont-de-Caux, Janval, la vallée de la Scie, Touslesmesnils, Blancmesnil, Longueil, Quiberville, Saint-Denis-du-Val et Flainville; retour à Dieppe par Avremesnil, Saint-Denis-d'Aclon, la vallée de la Saâne, Ouville, Offranville et les Vertus.

Nous reprenons aujourd'hui la route impériale n° 25 et nous remontons la côte qui fut longtemps appelée le *Mont-de-Caux*, parce qu'elle était et qu'elle est encore le chemin qui conduit au pays de Caux, dont nous sommes ici l'extrême frontière. L'ancien chemin était placé sur l'autre versant de la colline, dans une cavée profonde comme un précipice, devenue maintenant le lit des torrents et des ravines.

Sur ce *Mont-de-Caux*, dont on a aplani les flancs vers 1775 pour asseoir notre chemin, vous remarquerez, çà et là, des terrassements, des angles et des courtines : ce sont les restes d'un ancien fort que les chroniqueurs nous disent avoir été construit en 1589, l'année même de la grande Ligue cauchoise, et démoli en 1689, juste cent ans après. Ce fort était appelé *l'Eperon* ou *les Tenailles*, à cause de sa forme pointue et allongée (1). Quelques personnes pensent que c'est sur cette même hauteur, que l'on nomme encore le *Château-Trompette*, et qui pourrait bien avoir porté autrefois le nom de Montigny, que fut placée la forteresse brûlée par Philippe-Auguste, en 1195, et dont le poète Guillaume Lebreton a célébré la ruine.

Ce qui est plus sûr, c'est que, dans la fameuse peste de 1668, les habitants de Dieppe établirent sur cette côte des loges de planches et de paille, pour préserver du fléau les familles dont quelques membres étaient atteints. Cette espèce de camp volant s'appela l'*Évent*, et, en octobre 1669, on y compta plus de 1,500 personnes presque toutes nourries par la charité. Cette terrible peste de 1668 dura dix-huit mois, pendant lesquels elle fit périr, à Dieppe, plus de 4,000 personnes. C'est alors que s'immortalisèrent, par leur charité, les Pères Martial et Fidèle, pauvres Capucins du Pollet. Comme dernière trace du passage de cette affreuse contagion, vous saurez que l'on trouve dans les jardins qui bordent le

(1) Il paraît bien que cette forme de tenaille était bien celle des forts élevés à cette époque; car un fort établi à Beauvais, en 1638, portait aussi le nom de *Tenaille*. (L'abbé Barraud, *Bullet. mon.*, t. XXVII, p. 31.)

chemin du cimetière, une quantité de squelettes qui ne sont autres que les corps des pestiférés.

Tout près de là où fut l'*Évent*, ce vestibule de la mort, se trouve maintenant le cimetière, son trône et son autel. Le temps passe, il modifie les choses ; mais les misères humaines ne font guère que changer de forme.

Nous arrivons au haut de la côte : une plaque de fonte avec inscription, placée là vers 1850, nous indique notre chemin ; tournons à droite, et nous sommes sur la route du Havre que nous ne suivrons que jusqu'au Bourg-Dun, dernière limite de l'arrondissement de Dieppe.

Mais avant de tourner le dos à la ville d'où nous sortons, accordons un regard à la vallée qui se présente à nous avec toute sa magnificence et qui semble provoquer notre attention. Derrière nous est la mer avec ses falaises, ses navires et ses barques de pêcheurs ; la ville avec ses maisons, ses églises, son port et ses bassins ; devant nous se déroule une vaste prairie jadis envahie par les eaux et peuplée de salines, mais aujourd'hui couverte de troupeaux et sillonnée par un chemin de fer. Vous apercevez aussi les trois vallées dont la fusion forme celle de Dieppe et qui apportent leurs ondes à la *Dieppette*, comme on disait autrefois. D'abord c'est l'Eaulne, si riche en débris mérovingiens, puis la Béthune, l'ancienne Telles, qui naît au cœur du pays de Bray, et qui donna son nom au pays de Talou ; d'ici vous voyez la vallée de Bray s'ouvrir à l'horizon comme le cratère d'un volcan ; on dirait une déchirure du globe dans un jour de soulèvement ou de révolution. Enfin c'est la Varenne tout ombragée de forêts et encaissée dans d'abruptes vallons habités par les solitaires saint Ribert, saint Saëns, saint Hellier et saint Leufroy. Au fond du tableau, c'est la forêt d'Arques, le champ de bataille, la colonne, la maladerie de Saint-Etienne, le bourg et le château d'Arques, qui se cachent sous un manteau de verdure. Tout cela est délicieux et porte à de douces rêveries et à de longues méditations.

Une fois sur le plateau, vous voyez sur votre droite, au milieu de jeunes arbres, des maisons neuves couvertes de grandes tuiles appelées *pannes*, qui sont pour nous une importation de la Picardie. Ces maisons, qui datent à peine de dix années, entourent la belle briqueterie de M. Legros, commencée sur cette côte déserte en 1841. Grâce à l'activité et à l'intelligence de son patron, cet établissement céramique est devenu, dans son genre, le plus important du département. Pendant votre séjour à Dieppe, nous vous engageons à visiter ce centre de fabrication curieux par plus de cent variétés de produits. Le chef en fait les honneurs avec une bonne grâce et une bienveillance parfaitement avenantes.

Sur votre gauche est le vieux hameau de Janval (Johannis vallis), connu dans l'histoire de Dieppe depuis l'origine de la ville. Là fut fondée, à la fin du xi siècle, une maladerie pour les lépreux de la ville. On dit que ce fut une création de Guillaume-le-Roux, le fils du Conquérant. On montre encore les restes de la chapelle qui était dédiée à sainte Madeleine. Dans ce bâtiment rural, on remarque au côté nord une porte et une fenêtre du xiiie siècle. Vous n'apprendrez pas sans intérêt que, dans cette chapelle abandonnée, prêcha en 1559, le célèbre Jean Knox, le grand réformateur de l'Ecosse.

En 1860, juste trois cents ans après les prédications réformistes, nous avons fouillé le cimetière des anciens lépreux, et nous y avons trouvé des vases, des sépultures et des monnaies du xive siècle. Un des bâtiments de la Léproserie, devenu une grange en 1597, porte dans sa construction des traces d'une magnificence inusitée. Par exemple, on remarque au pignon septentrional un vigoureux contrefort en pierre, tapissé d'un lierre énorme.

Les chroniqueurs dieppois prétendent que Guillaume

Longue-Epée, comte de Mortain, fils de l'impératrice Mathilde, et de Geoffroy-le-Bel, comte d'Anjou, résida à Janval comme lépreux et même y fut inhumé. Mais c'est là une erreur qui vient d'être relevée, en 1855, par M. Léopold Delisle, jeune érudit qui promet à la Normandie et à la France un nouveau Ducange. Ce savant élève de l'*Ecole des Chartes* assure et prouve assez bien, ce me semble, que Guillaume fut enterré en 1164 dans la cathédrale de Rouen ; mais il ajoute qu'il avait donné aux lépreux de la *Cité de Jérusalem* onze livres de rente à prendre sur les étaux des bouchers d'Eu. Or les lépreux de la *Cité de Jérusalem* sont bien ceux de Dieppe, mais du côté du Pollet. C'est peut-être là la cause de l'erreur.

L'étroite plaine de Janval est bientôt franchie et nous descendons la longue côte du Petit-Appeville en laissant au-dessous de nous la voie antique ensevelie dans le *Chemin cavé des Fontaines*. Au temps de la Ligue et des guerres civiles, ce passage fut gardé militairement. On voit encore dans les flancs de la colline deux embrâsures évidemment creusées pour recevoir des canons. Elles ressemblent de tout point à celles de la côte d'Etran, que la carte de la bataille d'Arques, publiée par M. Deville, nous représente garnies d'une pièce de campagne avec son affût (1).

(1) *Histoire du château d'Arques*, pl. vi.

Pendant que nous traversons la vallée de la Scie, il faut que je vous peigne en quelques lignes les divers changements qui s'y sont opérés depuis un siècle.

« Les bords de la Scie furent autrefois couverts d'églises, de monastères et de menses canoniales. Depuis sa source jusqu'à son embouchure, on ne comptait pas moins de deux abbayes, de trois collégiales, de cinq chapelles et de dix-huit églises paroissiales. Un peuple de prêtres et de moines s'abritaient sous les bocages qui remplissent cette fraîche vallée, et le ruisseau modeste, en voiturant à l'Océan ses ondes, semblait aussi porter à Dieu des flots de prières. Cette petite vallée était un temple toujours ouvert, dont le parquet était une verdoyante prairie et dont le dôme était la voûte azurée du ciel.

« Mais les temps sont aujourd'hui bien changés ! La Scie, cette pieuse rivière toute couverte de prieurés et de monastère, tout échelonnée de croix et de chapelles, qui ne roulait ses ondes qu'à travers des prés consacrés à Dieu, est devenue impie dans ces derniers temps. Dans sa course révolutionnaire, elle a renversé jusqu'aux fondements, églises et chapelles, collégiales et abbayes. On chercherait en vain la trace de ces saints oratoires, de ces cloîtres bénis où chanoines et religieux, prêtres et abbés, firent entendre si longtemps les saints cantiques de Sion.

« Si les monastères, si les églises sont rentrés sous terre, en revanche des usines et des filatures en sont sorties à la voix de l'industrie ; des ponceaux, des viaducs, des remblais, des tranchées se dessinent à l'envi le long de la rivière. Un railway étend sa verge de fer sur les cadavres des églises, sur les ossements des saints. A la place des cloîtres, on a créé dans le vallon des gares et des embarcadères. Au lieu du char antique sillonnant la vallée à la grâce de Dieu et à la conduite d'un pieux pèlerin qui se signait devant chaque calvaire, on voit une locomotive à l'âme de feu, au cœur athée, passer droite et fière devant la maison de Dieu sans jamais incliner son front d'airain (1). »

Nous voici de nouveau sur la plaine, et celle qui se présente à nous est fort belle. Elle n'a pas moins de six kilomètres de largeur et sa surface est droite et unie comme la mer. Aussi l'hiver son aspect est triste et monotone ; mais l'été la vue en est agréablement recréée par la riche et ondoyante variété des moissons qui la couvrent.

A droite, vers la mer, nous laissons le village de Hautot, dont l'église, découronnée de sa flèche, domine à peine les arbres et les maisons qui l'entourent. C'est

(1) *Les Eglises de l'arrondissement de Dieppe*, t. II, *Eglises rurales*, p. 84-85.

un édifice en grès, de 1559, dont la tour, plus moderne encore, renferme trois cloches qui représentent trois paroisses : Hautot, Pourville et le Petit-Appeville.

De ce même côté, mais tout au bord du chemin, on voyait naguère un tronc de colonne encore posé sur son piédestal : c'était le fût d'une croix de grès appelée, par les habitants du pays, la *Croix à la Dame*. On dit qu'elle a été autrefois élevée sur le lieu même où une pauvre femme périt victime d'un crime resté inconnu et impuni. Renversée comme tant d'autres à la Révolution, cette croix, sculptée avec élégance, resta longtemps couchée sur l'herbe ; mais un jour, un habitant de Hautot la recueillit dans sa ferme, où il la garda précieusement. On lit sur elle le chiffre de 1652. C'est peut-être l'année du crime ou celle de l'expiation. Ce pied de croix était demeuré sur la route, entouré de la vénération des peuples et salué par tous les habitants des campagnes. La nuit, on ne passait auprès qu'en tremblant, car dans les ténèbres plusieurs avaient vu rôder à l'entour une *dame blanche*. Cette *Croix à la Dame*, je l'ai fait relever en 1855, et M. le curé de Hautot lui a donné la bénédiction de l'Eglise.

En suivant des yeux la série de cours et de maisons que forme, en s'alignant, les villages de Hautot, de

Varengeville et de Blancmesnil, vous apercevez un édifice d'un genre tout exceptionnel. Ce n'est ni un château ni une ferme, et cependant il annonce une certaine magnificence. Des signes de décadence que l'on y remarque, une tourelle, sinon élégante, du moins originale, font soupçonner pour cet édifice une destination autre que l'usage champêtre auquel il est consacré. En effet, cette maison c'est le manoir d'Ango, jadis opulente villa, à présent simple métairie. C'est une reine descendue du trône, comme tant d'autres ; car la ruine est la fin de toutes les choses d'ici-bas.

Entre ce débris et vous, vous remarquerez peut-être un petit vallon, étroit et nu comme une gorge. Là, au milieu de quelques broussailles, on montre encore le *cimetière de Saint-Martin*. D'après la tradition locale, c'était la première église de Blancmesnil. Transportée plus tard sur la côte de Sainte-Marguerite, là où est aujourd'hui le village, elle a été démolie à la Révolution, et l'on chercherait vainement la place des deux édifices.

Avant de descendre dans la vallée, vous remarquez, sur la gauche, un hameau grand comme un village, qui n'a point d'église, mais seulement un vaste château en brique, du temps de Henri IV ; c'est Toulesmesnils qui ne possède qu'une croix de grès de 1560 dans un carrefour, et une chapelle en brique du temps de Louis XVI, dans l'enceinte du manoir seigneurial.

Sur le versant de la côte de Touslesmesnils, dans le vallon du Beuzeval, un des affluents de la Saâne, on a découvert, en mars 1854, un cercueil des temps mérovingiens. Ce sarcophage, en pierre de Saint-Leu, contenait les restes d'une jeune fille de quinze ans, et quelques débris de parure échappés à un premier pillage, tels qu'une bague de cuivre, une fibule de bronze, une boule d'émail bleu, un couteau de fer, deux boucles d'oreille en bronze avec des pendants en or, fort joliment travaillés, et surtout une boucle et deux plaques de ceinturon en fer, recouvertes d'une damasquinure d'argent du plus fin travail.

Au mois de juillet 1854, nous avons fait une fouille en règle dans ce champ des morts et nous y avons trouvé quatre-vingts fosses taillées dans la craie, contenant des squelettes de Francs des premiers siècles de la monarchie. Ce cimetière avait été pillé dès le commencement de son existence, c'est pour cela que nous n'y avons pas trouvé d'objets précieux, mais simplement des vases et du fer, tels que sabres, couteaux, boucles et plaques, restes des sépultures primitives.

Pendant que nous descendons la côte d'Ourville, vous

apercevez, du côté de la mer, deux pans de mur qui semblent s'incliner comme des vieillards courbés sous le poids des années. Ce sont deux témoins du passé qui nous disent où fut le vieux château de Longueil, dont les châtelains étaient au XIVe et au XVe siècle de vaillants chevaliers et de pieux chrétiens. Les uns moururent à Azincourt, les autres à Poitiers; l'un d'eux, Geoffroy Martel, fonda en 1300, dans l'église Saint-Jacques de Dieppe, la chapelle de Saint-Sauveur, dite de Longueil. Il la dota de nombreuses rentes à prendre sur des maisons de Dieppe, qui relevaient alors de sa seigneurie. Ces maisons se reconnaissent encore aujourd'hui, parce qu'elles portent gravées sur un grès ces quatre initiales S. S. D. L., Saint-Sauveur de Longueil. Vous trouverez dans la ville de Dieppe au moins une demi-douzaine de maisons qui portent ce signe religieux et féodal (1).

De ce château, qui fut puissant et redouté, il ne reste plus que des fossés à demi comblés, des tas de pierres

(1) Déjà plusieurs maisons marquées de ce signe ont disparu sous nos yeux. J'indique ici les différentes maisons de Dieppe où il m'a été donné de remarquer les quatre initiales de Saint-Sauveur de Longueil : rue de l'Epée, n°s 3 et 49; rue de la Morinière, n° 30; rue de l'Ancienne-Poissonnerie, n°s 9 et 11; rue du Haut-Pas, n° 50 et le quai Henry IV, n° 3. — L'usage

et une lande inculte couverte de ronces et d'épines. Qui dirait, en voyant cet amas de broussailles, que là, sous le règne de saint Louis, le pieux et éloquent archevêque de Rouen, Eudes Rigaud, a reçu l'hospitalité lorsqu'il accomplissait ses fameuses *visites pastorales?*

L'église de Longueil était alors un prieuré dont le pontife inspectait les moines. Maintenant c'est une simple église paroissiale dont vous voyez la flèche d'ardoise s'élever gracieusement dans le paysage. Sa construction remonte entièrement au xvie siècle. Le chœur alors était garni de verrières dont il reste encore quelques beaux fragments Ce sont de grands personnages, tels que saint Jean-Baptiste, saint Louis, saint Antoine, saint Hubert, saint Martin, sainte Catherine, probablement les patrons des donateurs.

En 1859, les murs de grès de ce temple champêtre ont été revêtus de peintures murales dans le style du xvie. Les colonnes du chœur sont couvertes d'enroulement, en spirale ou en zig-zag; l'appareil, au contraire,

des pierres gravées existait aussi à Paris et probablement dans toute la France. Dans la capitale, les maisons appartenant au chapitre de Notre-Dame étaient marquées N. D.; celle des Chartreux portaient un C.; celles des abbayes de Saint-Victor, S. V.; de Sainte-Geneviève, S. G. E.; de Saint-Martin-des-Champs, S. M.; et de Saint-Germain-des-Prés, S. G. N.

est revêtu d'un carrelage que décorent des lis, des trèfles, des roses, des croix, des ancres et les monogrammes de Jésus et de Marie. Les blasons féodaux n'ont pas été oubliés dans cette résurrection, et si l'on n'a pas rétabli la litre seigneuriale, du moins on a replacé sur les murs les armes qui y brillèrent autrefois sous la triple auréole du casque guerrier, du mortier parlementaire et du chapeau cardinalice.

Dans cette église fut inhumé, le 27 septembre 1703, David Asseline, prêtre de Saint-Jacques de Dieppe, qui nous a laissé, écrit de sa main, un in-folio de 420 pages intitulé : *Les Antiquités et Chroniques de la Ville de Dieppe*, 1682. Ce travail de toute sa vie, il l'avait dédié, comme un bon prêtre qu'il était, à la divine Providence et à la Vierge Marie. Ce fut bien avisé à lui, car il a fallu vraiment l'intervention de la main de Dieu pour conserver son manuscrit pendant cent soixante-dix ans, et le ramener à Dieppe, sa patrie, après les plus étranges et les plus longues pérégrinations. C'est toute une histoire et presque un roman ; mais espérons que maintenant il est au port et qu'il ne sortira plus de la bibliothèque publique, dont il est la principale richesse et le meilleur ornement.

Pour reconnaître l'éminent service que lui rendit il y a deux siècles, l'humble prêtre de Saint-Jacques, la municipalité de Dieppe, qui doit bientôt faire imprimer les *Chroniques*, a fait placer dans la nef de Longueil un marbre commémoratif. Cette inscription, qui date de 1862, honore la ville qui la placée et ne peut qu'entretenir au cœur de ses enfants, l'amour de la patrie : « *Honos alit artes.* »

Le baptistère de Longueil, monument de pierre plus vieux que l'église peut-être, est encore signé de *marteaux* héraldiques des seigneurs du lieu. C'est sur cette charmante cuve, découpée dans le style du xve siècle, que fut régénéré, en 1685, le poète Henry Richer, fabuliste aimable, traducteur d'Ovide et de Virgile et chantre de cette vallée de la Saâne où nous sommes en ce moment.

Ce village de Longueil est véritablement charmant et très joliment assis, dans une fraîche vallée. Vous en apprécierez encore mieux la situation gracieuse en montant la côte opposée, et en comparant sa verdoyante fraîcheur avec la stérile nudité des bouches de la Saâne.

Mais hâtons-nous de gagner la plaine pour arriver au Bourg-Dun, le but principal de notre excursion.

Nous laissons sur la droite, tout au bord de la falaise, le village et l'église de Quiberville. Cette pauvre église ressemble à une grange ; elle n'a plus de clocher ; les tempêtes le lui ont enlevé, jusqu'à ce qu'elles fassent disparaître l'église elle même ; car cette chapelle est aujourd'hui abandonnée ; sans prêtre et sans entretien, elle ne tardera pas à périr. C'est là que fut baptisé le Père Perrée, oratorien et habile controversiste, qui dans des conférences tenues à Angers, en 1683, convertit beaucoup de protestants.

Dans le cimetière de Quiberville, on a trouvé, en 1846, une croix en plomb que nous reproduisons ici et

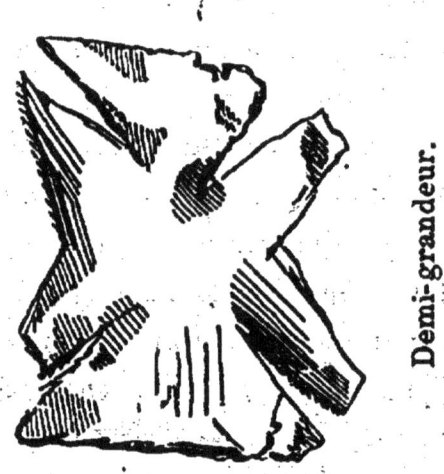

Demi-grandeur.

qui contenait une formule d'absolution. Quinze croix du même genre ont été rencontrées dans le cimetière de Boutoilles, près Dieppe, en 1842, 1855, 1856, et 1857. On en cite également deux semblables rencontrées à Périgueux et à Angers ; une autre à Lincoln, et une quatrième à Chichester, en Angleterre. Ces croix remontent au xi° et au xii° siècle. Elles étaient déposées sur la poitrine des morts, comme un préservatif contre les obsessions, et un viatique pour leur grand voyage.

Un peu avant de descendre dans la vallée du Dun, vous voyez sur votre droite un vallon solitaire qui va se perdre dans le versant principal ; là fut, dit-on, la vieille église de Saint-Denis-du-Val, détruite par les guerres. Elle aura disparu, peut-être, dans ce combat meurtrier que se livrèrent ici, le 8 juin 1589, les royalistes de Dieppe, commandés par de Chattes, et les ligueurs du pays de Caux, conduits par Fontaine-Martel. Ces derniers furent complètement défaits, et ils battirent en retraite sur Fécamp et le Havre. Mais ils firent acheter chèrement la victoire à leurs adversaires, et les chroniqueurs Dieppois sont d'accord avec la tradition pour attester les ravages de cette terrible journée.

Depuis ce temps, l'église paroissiale avait été transportée à Flainville, dont elle avait pris le nom. Cependant, comme dernière trace de son existence, subsiste encore une foire très fréquentée qui se tient tous les ans, le 9 octobre, sur l'emplacement même de l'ancienne paroisse.

On raconte qu'il y a un siècle environ, il s'est passé à cette foire une histoire curieuse qui a trop de ressemblance avec l'aventure du poète Ibicus pour n'être pas racontée ici.

« Un sire de Béate, gentilhomme de la contrée, avait été trouvé assassiné, dans un bois, le jour de la foire de Saint-Denis. Seul, au milieu du désert, il avait eu beau crier, personne ne l'avait entendu. Levant alors les yeux au ciel, il avait vu une troupe d'oies traverser les airs et avait conjuré ces seuls témoins de son agonie d'être en même temps les vengeurs de sa mort.

« Vingt ans après cet événement, deux des assassins se trouvaient par hasard à la foire de Saint-Denis; l'un d'eux voulut acheter une oie sauvage récemment abattue par des chasseurs :

« Ne crains-tu pas, lui dit brusquement son complice, que ce ne soit une oie de Béate? » Ce mot échappé au souvenir d'un crime, fut recueilli par les assistants et transmis à la justice. On arrêta les indiscrets, qui ne tardèrent pas à faire connaître les coupables. Tous subirent le châtiment qu'ils méritaient sur le théâtre même de leur forfait, et justifièrent une fois de plus cet adage de la sagesse antique :

« Raro antecedentem scelestum
Deseruit pede pæna claudo (1) »

(1) *Les Églises de l'arrond. de Dieppe*, t. II, *Églises rurales*, p. 75.

Pendant que nous descendons la vallée du Dun qui nous apparaît dans toute sa grâce et sa fraîcheur, il faut que je vous engage à visiter sur la rive droite de cet antique ruisseau la curieuse chapelle du manoir de Flainville. C'est un petit monument de pierre dédié à saint Julien, fondé en 1323 par Estout de Gruchet, et longtemps desservi par des moines de Fécamp. Ce charmant oratoire du xive siècle a conservé des peintures murales contemporaines de sa fondation, chose rare parmi nous.

Ce fut aussi à Flainville que l'on rebâtit, en 1782, l'église de Saint-Denis-du-Val; on lui donne pour auteur un nom célèbre, M. de Choiseul-Gouffier. La Révolution détruisit cette église qui venait de naître.

En face de Flainville, sur la rive gauche, on voit dans un massif de verdure l'église et le château de Saint-Aubin-sur-Mer. Cette terre est féconde en débris romains. On a recueilli des vases antiques près de l'église de Saint-Aubin, au lieu appelé « *la Cour des Salles* »; et les restes du peuple-roi sont plus nombreux dans un petit vallon connu sous le nom de Saussemare. Il y a trente ans environ, MM. Sollicoffre et Estancelin ont recueilli dans cette gorge maritime de curieuses reliques qui ont été pour eux l'objet d'intéressants mémoires.

« Saint-Denis et Saint-Aubin protégent encore l'embouchure du Dun. Ces deux pontifes des Gaules règnent sur ces prairies verdoyantes, sur cette fraîche vallée, sur cette humble ruisseau qui ne pénètre à la mer qu'à travers les galets de la plage. Aussi lorsqu'il arrive au rivage, il épanche ses eaux comme un lac dans des rives hautes et élargies. Des arbres l'accompagnent presque jusqu'à l'Océan, et les troupeaux ne cessent de paître paisiblement sur ses bords. Les côtes qui encaissent cette petite rivière sont basses et aplanies ; les falaises qui l'environnent ne sont guère que de simples remparts en terre qui le défendent de la mer. A droite et à gauche sont des batteries avec leurs fourneaux, leurs corps-de-garde et leurs poudrières. Ces monuments de la guerre ont duré ici plus longtemps qu'ailleurs, grâce à la paix profonde dont jouissent ces heureuses campagnes (1). »

LE BOURG-DUN.

Mais nous voici au Bourg-Dun. Ce n'est qu'un village ; toutefois, le nom de *Bourg*, qu'il unit à celui de sa rivière, suppose une importance passée. En effet, le sol renferme encore bon nombre de médailles romaines.

(1) *Les Églises de l'arrondissement de Dieppe*, t. II. Églises *rurales*, p. 77.

Nous possédons un beau Valentinien en or trouvé, vers 1844, sur le territoire de cette paroisse. En 1847, un berger a rencontré un vase contenant environ trois cents monnaies de billon des Césars du iiie siècle; et en 1858, un autre berger a recueilli, du côté de Saint-Aubin, une belle monnaie gauloise en or, de la cité des Bajocasses. Elle forme aujourd'hui un des ornements de la belle collection que M. de Saulcy vient de vendre 150,000 fr. à notre musée du Louvre.

Le nom de *Dun*, porté par la rivière et par le village, est une vieille désinence gauloise que l'on rencontre très fréquemment à l'époque gallo-romaine. On compterait peut-être bien cinquante villes, cités, *castrums* ou *villas* de l'ancienne Gaule qui portèrent dans leur nom la terminaison « *Dunum.* » — Une querelle scientifique sur l'origine et le sens du mot *Dunum*, s'éleva, au siècle dernier, entre dom Duplessis et l'abbé Lebeuf, qui publièrent à ce sujet trois dissertations dans le *Mercure de France* (1). L'abbé Lebeuf, faisant à pied son tour de Normandie, avait passé le Dun en septembre 1707 (2). Tandis que d'autres enregistrent si précieusement le passage des princes de la terre, nous, nous recueillons

(1) Le *Mercure de France* d'avril 1736, p. 619-647 ; de may 1737, p. 324-29.

(2) Le *Mercure de France* de janvier 1736, p. 22

avec respect le passage plus modeste, mais plus touchant, des princes de la science.

Le nom primitif du pays où nous sommes, du moins celui que l'histoire la plus anciennement écrite lui attribue, est Evrard-Eglise, « *Evrardi* ou *Ebrardi Ecclesia.* » Au xe siècle, quand ce domaine fut donné par Richard II, duc de Normandie, à Dudon, chanoine de Saint-Quentin en Vermandois, et historien de la Normandie, le bénéfice s'appelait l'*Abbaye*. Le titre d'*Abbaye* que le peuple garde encore à l'église actuelle, viendrait, dit-on, d'un ancien monastère fondé au temps des Francs et détruit par les Normands. Là-dessus, nous sommes réduit à la tradition et aux conjectures, sauf toutefois le témoignage des savants Bénédictins, rédacteurs de « *Gallia Christiana* (1). »

Ce qui est très certain, c'est qu'en 997, Evrard-Eglise, aujourd'hui le Bourg-Dun, fut donné d'abord à Dudon, puis à la collégiale de Saint-Quentin avec la Chapelle-sur-Dun, Sotteville-sur-Mer et Saint-Nicolas-de-Voules.

Ce fut le 8 septembre 1015 que l'acte solennel de la donation en fut passé dans la cathédrale de Rouen, en présence du duc et de la duchesse de Normandie, des évêques et des abbés de la province.

L'église qui nous reste est fort belle, et elle est d'environ cent ans postérieure à la concession normande.

(1) *Gallia Christiana*, t. XI p. 124.

On trouve un peu de tous les styles dans cette église, mais l'extérieur rude et sévère ne laisse rien apercevoir au voyageur que le tuf roman ou la pierre carrée de l'ogive primitive. Le clocher cependant appartient à l'élégante architecture du xiiie siècle ; mais il est tellement mutilé, délabré, découronné, ses hautes lancettes sont tellement emmaillotées dans des *ouies* de bois, qu'il perd ainsi tout son caractère artistique pour ne revêtir que l'austérité d'une tour carrée des premiers temps. Ajoutons que la flèche en hache du temps de Henri IV ou de Louis XIII, qui le surmonte ne fait que confirmer ces premières données de tristesse et de pesanteur. Cependant, les trois tourelles pointues qui ornent cette église, lui donnent un cachet particulier en même temps qu'elles égaient et qu'elles relèvent cette masse qui ne serait qu'imposante et nue.

Ajoutons à ce que nous venons de dire que des lézardes, des crevasses, des soufflures, des gerçures se font voir sur tous les côtés de cet édifice qui demande à grands cris d'importantes réparations. Voilà trois siècles peut-être qu'on n'y a travaillé avec la moindre intelligence de lui-même, car nous ne pouvons que ranger parmi les mutilations l'affreux portail exécuté sous **Louis XVI.**

En 1850, nous avons été assez heureux pour obtenir

du conseil général de la Seine-Inférieure le classement de cette église parmi les monuments historiques de ce département. Depuis ce temps l'administration départementale lui a octroyé environ 4,000 fr., la commune a voté 3,500 fr. et la fabrique 2,000 fr., ce qui est pour toutes deux un très grand effort. Le ministère des cultes a accordé 1,500 fr. pour compléter une somme d'environ 11,000 fr., avec laquelle on va soutenir le clocher, qui menace de tomber.

Toutefois, la plus grande beauté de cette église est intérieure, hâtons-nous donc d'y pénétrer.

Entrons-y de préférence par la jolie petite porte méridionale toute encadrée de sculptures de la Renaissance, à peu près comme une fenêtre du manoir d'Ango, ou comme une arcature du trésor de Saint-Remy de Dieppe.

La nef est un vaisseau roman un peu abaissé, mais plein de caractère; les colonnes, un peu courtes peut-être, sont couronnés de curieux chapiteaux dont les motifs appartiennent tous à l'architecture à plein-cintre. On en trouverait les analogues dans l'abbaye de Fécamp. Eh bien! sur ces piliers qui paraissent destinés à des cintres, l'architecte a placé des ogives primitives. Ce qui nous donne pour date de cette partie de l'église la première moitié du XIIe siècle, car c'est à cette époque, selon nous, que prit naissance, ici, le premier système ogival.

Des deux allées latérales, celle du Nord, percée de cintres, remonte évidemment au xie siècle; celle du Sud, au contraire, construite d'abord au xive siècle, a été reprise en sous-œuvre au xvie.

Le clocher est un corps carré dont quatre vigoureux piliers supportent la modeste lanterne, les chapiteaux qui décorent les colonnes offrent la plus luxuriante végétation du xiiie siècle; ils sont d'un style très pur et très développé.

Le transept Nord appartient à la plus sombre architecture romane. L'obscurité y est presque complète, ce qui contraste beaucoup avec les flots de lumière qui inondent le transept Sud, qui est du xvi. Symboliquement parlant, l'un représente le Ciel et l'autre l'Enfer.

Le chœur, très irrégulier, me paraît appartenir à la transition du xiie siècle.

Du chœur, on communique au Midi avec une chapelle latérale, très bel ouvrage du xive siècle.

La fenêtre terminale a six compartiments, les trois autres en ont quatre. Toutes sont surmontées de trèfles, de roses ou de quatre-feuilles. Il est vraiment fâcheux que les verrières aient disparu; il n'en reste plus que quelques fragments du xvie siècle.

Mais la partie la plus riche de l'édifice, c'est le transept méridional, vrai chef-d'œuvre du règne de François Ier. On ne peut rien voir de plus gracieux, de plus fin, de plus délicat que toutes ces découpures de pierre qui tapissent les murs et qui retombent des voûtes. Des statues sont encadrées dans des niches ravissantes, sculptées avec un art infini. Des arceaux multipliés des voûtes jaillissent des crochets, des culs-de-lampe et des pendentifs d'une légèreté surprenante.

Cette merveilleuse chapelle était consacrée à la Passion du Sauveur, et elle renfermait jadis un Saint-Sépulcre détruit à la Révolution. Nous devons bien en regretter les personnages, car, à en juger par le travail qui les encadrait, ils devaient être du plus grand mérite.

La Renaissance païenne qui a décoré cette chapelle y a placé son cachet d'une manière toute particulière. Parmi les sculptures, vous remarquerez plusieurs des folles libertés de ce temps. Et à côté de ces emblêmes de la légèreté la plus étourdissante, on a joint les symboles de la gravité la plus sérieuse, des têtes de mort, des urnes et des vases funéraires : étonnante alliance de l'allégorie païenne et d'un sujet chrétien !

Cette chapelle, du reste, est si admirablement découpée, les festons de pierre y sont si élégamment suspendus aux arceaux, que l'on est tenté d'attribuer ce travail aérien à une autre main qu'à une main humaine. Aussi l'on se sent très disposé à accepter la tradition populaire qui affirme que cette chapelle a été bâtie par la *main des fées*, *et que ces puissants artistes ayant oublié de placer une pierre derrierre le confessional, jamais il n'a été possible à nul architecte d'en faire tenir une autre à sa place* (1).

Nous pensons qu'après avoir visité cette église, vous ne regretterez point votre voyage. On trouve ici presque tous les spécimens de l'architecture du moyen-âge ; on peut y faire une véritable étude d'ecclésiologie.

Pendant que vous êtes au Bourg-Dun, et avant de retourner à Dieppe, vous pourrez, si le temps est beau et que le cœur vous en dise, remonter la charmante vallée du Dun jusqu'à sa source. La course n'est pas longue et la route est superbe. Vous jouirez d'un charmant paysage toujours riant et toujours frais; puis vous aurez le plaisir de passer en revue quelques monuments qui ne sont pas sans intérêt. Nous vous signalerons en face de la Gaillarde, et dans une cour de ferme, un petit édifice qui sert aujourd'hui de cellier, c'est l'ancienne chapelle de Sainte-Marguerite-du-Dun dont la porte romane mérite de fixer l'attention des antiquaires et des artistes, ainsi que vous pourrez en juger par la planche qui suit.

A la source de la rivière est le bourg de Fontaine-le-Dun dont l'église perchée sur la colline, renferme une

(1) *Les Eglises de l'Arrondissement de Dieppe*, t. 1", p. 268.

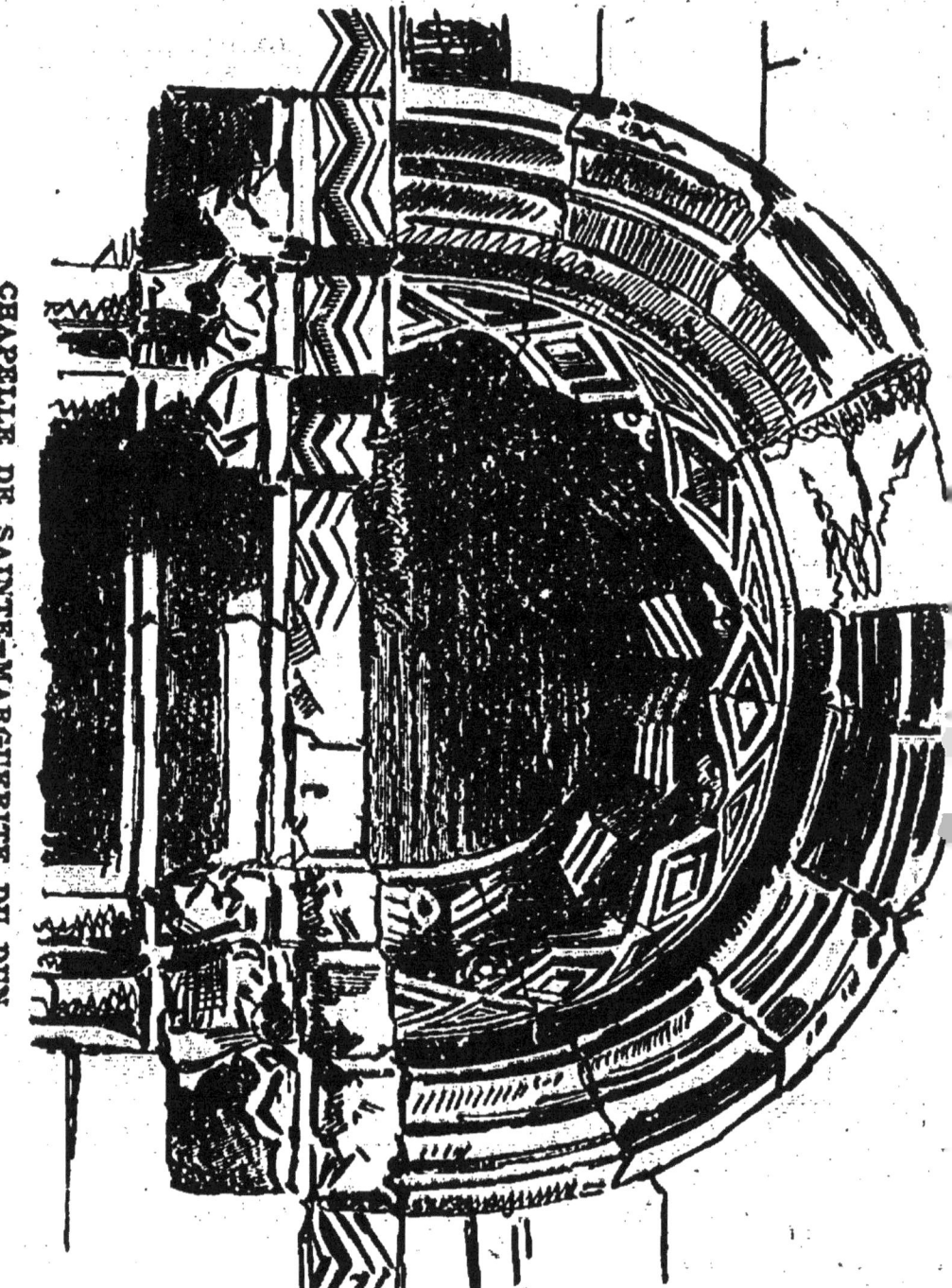

CHAPELLE DE SAINTE-MARGUERITE DU DUN.

curieuse tombe en grès de 1330 et un délicieux baptistère de la fin du xvᵉ siècle, ainsi que vous pourrez l'ap-

BAPTISTÈRE DE FONTAINE-LE-DUN.

précier par la seconde gravure. C'est peut-être sur cette cuve sculptée que fut régénéré Pierre Cochon, auteur d'une *Chronique de Normandie*, pendant les règnes de Charles VI et de Charles VII (1350 à 1430), éditée récemment par M. Vallet de Viriville. Ce chroniqueur ecclésiastique encore inconnu naguère, devint curé de Villefleur et de Fontaine-le-Dun, sa paroisse natale. C'est donc avec beaucoup de raison qu'un marbre commémoratif lui a été consacré, en 1861, dans cette église qui l'a vu naître, vers 1380, et qu'il a desservie jusqu'à sa mort, arrivée en 1456.

Cela vu, vous pouvez quitter les bords du Dun et reprendre le chemin de Dieppe par Avremesnil.

AVREMESNIL ET LUNERAY.

Avremesnil, anciennement *Evrardi mansionile*, est peut-être tout ce qui reste du nom de ce fameux Evrard, seigneur franc ou normand qui, au xe siècle, avait donné son nom à cette contrée. Comme trace de son passage, restait encore un vieux château féodal longtemps possédé par la famille de Pardieu, une des plus anciennes et des plus honorables de ce pays. Ce castel d'Avremesnil, que les vieillards ont encore connu très intéressant, est complètement détruit depuis moins d'un demi-siècle. Aujourd'hui, vous en chercheriez vainement la place.

La seule chose un peu ancienne qui restait à Avremesnil, c'était l'église, et encore le corps principal de l'édifice n'était plus qu'une reconstruction en grès du xvi° siècle, sans style comme sans caractère ; mais enfin les réformateurs du monument primitif avaient su respecter le vieux clocher en tuf du xi° siècle ; c'est un corps carré percé de cintres romans bien accusés et couronné d'une corniche à têtes grimaçantes, suivant le goût de cette époque reculée. Le détail le plus pittoresque de cette tour était l'escalier des cloches, tourelle circulaire placée à l'un des angles, et qui se termine par un toit pointu.

Ce petit minaret que nous avons souvent admiré, et dont M. Vitet faisait le plus grand éloge dans son *Histoire de Dieppe*, a cessé d'exister. Il s'est écroulé dans la nuit du 24 août 1864, au milieu d'un incendie occasionné par un coup de tonnerre qui frappa la flèche sur les dix heures du soir. L'église toute entière fut brûlée et il ne resta intact que les murailles. Heureusement, l'église était assurée, aussi l'on doit la refaire à neuf pour 60,000 fr. Le vieux clocher sera conservé au sein du jeune édifice, pour lequel on a adopté le style ogival du xvi° siècle.

Sur le plateau où nous sommes, à la suite d'Avremesnil, s'allongent les villages de Luneray et de Gruchet-Saint-Siméon, berceau du protestantisme dans nos contrées et encore aujourd'hui le dernier boulevard de la prétendue réforme. Ce pays, tout couvert de tisserands, était très industriel au xvie siècle, et ce fut parmi ses ouvriers que la *Nouvelle Doctrine* se faufila. Elle s'introduisit par des petits livres écrits contre le clergé, les saints et la Vierge, pamphlets que portait dans une banette le colporteur Vénable, envoyé par Calvin lui-même, de Genève en Normandie. Ce fut de Luneray que le *Nouvel Evangile* descendit à Dieppe, toujours enveloppé dans le manteau de l'industrie. A présent, Dieppe et le plateau de Luneray ont perdu bon nombre de leurs dissidents, et nous pensons même que le temps tout seul suffira pour détruire ce qui a résisté à la Ligue, aux Dragonnades et aux Edits. Pas n'est besoin de dire que nous préférons cette extinction naturelle à toute mort violente.

SAINT-DENIS-D'ACLON.

D'Avremesnil, on descend tout naturellement à la vallée de la Saâne par Saint-Denis-d'Aclon, ancienne paroisse restée commune et qui, grâce à l'industrie, pourra bien redevenir ce qu'elle était. Depuis plus de vingt ans, M. Tassel, qui vient de mourir, y avait établi une filature devenue la plus importante de l'arrondissement et l'une des mieux tenues de notre département, qui pourtant en possède un si grand nombre et de si remarquables.

Cette usine a attiré autour d'elle beaucoup d'ouvriers, et un jour, ces fidèles rassemblés rouvriront l'église qu'ils ont eu soin de conserver et d'entretenir. Ce n'est pas que ce soit un monument, mais enfin elle sera leur maison de prières.

Toutefois, le chœur en pierre tuffeuse appartient à l'ogive du XIIe siècle.

Le dernier curé de Saint-Denis-d'Aclon, mort exilé en Angleterre, était M. Ricard, ancien menuisier sculpteur, qui avait confectionné lui-même presque tout le mobilier de son église, avant de devenir curé de cette paroisse où il était né; on dit qu'il avait été maître de chapelle du Roi.

La Saane.

Avant de traverser la Saâne pour gagner Ouville, nous pourrions vous conduire un moment sur les rives de cet antique ruisseau; son bassin est un grand centre de population, et une foule de clochers l'échelonnent à chaque pas.

D'abord, c'est Ribeuf dont la chapelle, à présent démolie, servit autrefois de prieuré à des moines de l'abbaye de Tiron, près Chartres; puis Gueures dont la vieille église va du XIe au XIIIe siècle; le Gourel où une église romane renferme des *arcosolia* et des tombeaux de tous les âges; Brachy, qui occupe le milieu de la vallée, est une terre antique toute parsemée de terrassements et de fortifications ; son église fut jusqu'à la Révolution le titre de l'un des trois doyennés du Petit-Caux.

En remontant toujours le cours de la rivière, nous arrivons à Saint-Ouen-sur-Brachy, dont l'église délaissée renferme une contretable en bois, du XVIe siècle. Puis vient le Bourg-de-Saâne, jadis prieuré de nonnes, dépendant de l'abbaye de Saint-Amand de Rouen. Ce fut au Bourg-de-Saâne que naquit, au XIIIe siècle, Guillaume de Saâne, chanoine et archidiacre de Rouen qui, en 1268, fonda, à Paris, le *Collége des Trésoriers*, pour les pauvres clercs du Pays de Caux. Enfin, pour ne pas remonter jusqu'à la source, nous citerons encore Thièdeville dont les champs sont remplis de débris romains tels que tuiles à rebords, poteries rouges et grises et monnaies de tous les Césars. Là, disent les habitants de la vallée, fut autrefois la *ville* de *Tiède*. Ce qui est plus sûr, c'est que le bassin de la Saâne, depuis sa source jusqu'à son embouchure, fut un grand centre de population pendant le gouvernement des empereurs. Aussi la Saâne est la plus romaine de toutes nos rivières.

Ouville-la-Rivière.

Après cette excursion, aussi rapide que la pensée, nous revenons à Ouville que le peuple surnomme parfois les Trois-Rivières, parce que là, en effet, se réunissent trois ruisseaux : la Saâne, la Vienne et le ruisseau qui baigne le château d'Ouville.

Le château d'Ouville est une charmante petite construction remaniée de nos jours, et où la brique et la pierre sont mélangées avec art et avec goût, dans le style du xvi⁰ siècle. Il est flanqué de quatre petites tourelles, jadis moyens de défense de nos châteaux, aujourd'hui objet d'ornement et de décoration; car il faut savoir que ce gentil châtelet, séjour du calme et de la paix, fut aussi une citadelle de guerre. En 1562, les protestants dieppois le prirent et le pillèrent dans leurs courses iconoclastes. En 1589, c'était un autre drapeau qui flottait sur ses murs. Les couleurs de la Ligue furent arborées dans ce village par le capitaine Dupré et ses braves cavaliers. Mais le royaliste de Châtles les délogea bientôt, et la cornette blanche du commandeur fit pâlir les trois couleurs de la *Sainte-Union catholique*.

Toutefois, aujourd'hui, tout est calme et pour longtemps, nous l'espérons. Aussi les eaux que le génie de la guerre amenait autour du château pour sa défense, sont utilisés à présent, par les jardiniers-paysagistes, pour l'ornement du parc et du jardin. Le château d'Ouville est frais comme un bouquet, et sa situation est vraiment ravissante dans la belle saison.

L'église, placée sur le penchant de la colline, se trouve dans une position délicieuse. Elle est entourée d'arbres frais, et elle commande fièrement la vallée. Bâtie en tuf, au xie siècle, elle n'a gardé de cette époque reculée que le clocher, corps-carré entre chœur et nef, surmonté d'une flèche d'ardoise suivant l'usage général de la Haute-Normandie. Le reste date du xvie siècle et n'est pas sans caractère. Un Saint-Sépulcre fut autrefois dans le transept du Sud, devenu à présent une charmante chapelle, grâce à la bienfaisance de M. de Touslesmesnils. Avec le testament de cet homme charitable, on a exécuté le transept du Nord. Parmi les morceaux qui décorent la chapelle méridionale, vous distinguerez à coup sûr, une belle contretable en bois, à colonnes torses, de la première moitié du xviie siècle. Elle provient de la chapelle des anciens Capucins de Dieppe.

Depuis le xie siècle jusqu'à la Révolution, l'église d'Ouville dépendit toujours du prieuré de Longueville, comme si la terre avait appartenu primitivement aux fameux Giffard, comtes de Buckingham.

Avant de remonter la côte, ne manquez pas de vous faire montrer la maison de campagne que posséda, ici, Abraham Duquesne, le célèbre marin dieppois. Le peuple en a conservé la mémoire, et l'étranger doit en faire un de ses souvenirs de voyage.

Pendant que nous traversons la plaine pour gagner Offranville, vous apercevez sur votre droite un clocher qui s'élève au-dessus des campagnes, c'est le clocher du Thil-Manneville, qui porte dans son surnom un titre célèbre dans ce pays. En effet, c'est près du Thil qu'est située la terre de Manneville, assez puissante pour avoir été érigée en comté par lettres-patentes de Louis XIV, du mois de janvier 1668. Les deux derniers titulaires furent gouverneurs de Dieppe. A présent, le château a disparu, et la terre vient d'être vendue aux enchères, par les héritiers des Manneville. Aussi, en ce moment, ce n'est plus qu'une ferme tombée entre les mains du travail et de l'industrie.

OFFRANVILLE.

Nous voici au haut de la côte du Petit-Appeville que nous ne descendrons pas immédiatement. Pour le moment nous tournons à droite, vers ce village planté de hautes futaies, dont vous voyez culminer, depuis longtemps, la longue flèche d'ardoise.

Tous nos villages cauchois possèdent de belles futaies de hêtres frais, touffus et élevés; car cet arbre est l'ami du pays de Caux. Mais bien peu comptent d'aussi belles et d'aussi nombreuses clairières que celui d'Offranville où nous entrons. Les premières que nous rencontrerons sont celles de M. de Bois-Hébert, qui ombragèrent en 1813 le front découronné de la reine Hortense et de son jeune fils Louis-Napoléon, à présent l'Empereur Napoléon III. Le puissant monarque s'est souvenu du séjour qu'il fit enfant dans ce petit château d'Offranville, car en 1853, pendant les vingt jours qu'il a passés à Dieppe, il a voulu en revoir les fraîches avenues.

C'est encore à travers de belles futaies que l'on pénètre à l'église intéressante sous plusieurs rapports. D'abord dans le cimetière vous admirez un if dont le tronc présente une circonférence d'environ sept mètres. C'est, après celui des Trois-Pierres, le plus remarquable du département.

Une fois dans l'église, vous pourrez lire les inscriptions, vous amuser à déchiffrer les armoiries et surtout à étudier et à admirer les vitraux qui restent, et dont elle fut autrefois complètement remplie.

A présent, il ne reste guère dans le chœur qu'une *Pentecôte* et une *Sainte-Catherine*; mais ces deux morceaux sont d'une grande finesse. Toutefois le spécimen le plus curieux est la fenêtre de la sacristie, représentant le chapitre de *la Genèse* qui raconte la *Création* et *la Chute de l'homme*. C'est là un drame digne de l'intérêt de tous les visiteurs. Vous n'oublierez pas non plus une *sainte Anne apprenant à lire à la sainte Vierge*. C'est un morceau délicieux.

Accordez aussi un regard au calvaire de granit, bénit solennellement par Mgr l'archevêque de Rouen, le 6 mai 1860. C'est l'œuvre d'un artiste breton, et il est fait avec cette roche armoricaine qui est aussi vieille que la terre elle-même.

Si vous avez le temps de consulter les poudreuses archives de la fabrique, vous y apprendrez que l'église, commencée en 1517, n'a été terminée qu'en 1616. Vous pourrez en suivre la construction année par année. Vous y verrez aussi qu'Offranville posséda un collége fondé par un de ses curés, maistre Jehan Véron, mort en 1620, lequel donna, par testament, une rente de 1,500 livres pour les pauvres. Cette rente a servi à fonder et à doter l'hospice de Dieppe, en 1668.

Si vous interrogez la tradition, elle vous dira que, par suite d'un double vœu fait dans les maladies contagieuses, les paroissiens d'Offranville font chaque année, le 1er Mai, une procession et un pèlerinage à la chapelle de Notre-Dame-des-Vertus, près Dieppe, dont nous allons vous raconter l'histoire en regagnant la ville et que vous pourrez visiter pendant votre séjour.

Hameau des Vertus.

« Cette petite chapelle, toute en brique, avec un frêle clocher sur le portail, a été fondée, le 25 mai 1637, par David Valle, bourgeois de Dieppe, qui la donna à l'abbé de Fécamp, seigneur de la Baronnie du Jardin. L'humble oratoire s'appuyait ainsi sur le grand monastère, comme le lierre s'accroche aux murailles, comme le chèvre-feuille enlace les chênes de la forêt. A l'entrée du verger fut plantée, en 1657, une croix de grès que la Révolution a brisée. On lit sur le piédestal, entouré de gazon : « † (Croix) de N.-D. des Vertus. » C'était comme la colonne miliaire destinée à indiquer aux pèlerins la route de la chapelle.

« Deux ans après l'érection de cette croix de pierre, une paroisse entière passait près d'elle et venait demander à Notre-Dame la cessation d'un fléau qui la ravageait. Le 1ᵉʳ mai 1659, les habitants d'Offranville apportèrent, processionnellement, une image de la Sainte-Vierge qu'ils déposèrent sur l'autel en demandant la guérison de leurs malades et en promettant, chaque année, un retour fidèle.

« Le fléau cessa, mais les paroissiens oublièrent leur vœu. Frappés de nouveau en 1718, ils revinrent, le 9 mai, avec une ferveur nouvelle ; mais cette fois ils écrivirent, sur le mur, l'engagement solennel qu'ils prenaient, comme s'ils voulaient dire : « Si nous oublions notre promesse, les pierres mêmes parleront pour nous la rappeler. » Voici, du reste, l'inscription qu'ils ont laissée :

« *Ad perpetuam rei memoriam.*

« L'an 1659, la paroisse d'Offranville étant infestée
« d'épidémie, le clergé et les paroissiens dudit lieu,
« firent vœu, à Notre-Dames-des-Vertus, d'y apporter
« cette image processionnellement. L'ayant ici laissée,
« le mal cessa aussitôt miraculeusement. — La 9 de
« mai 1718, a été renouvelé le vœu par le respectable
« clergé et les pieux paroissiens de la susdite paroisse,
« pour une pareille maladie, et ont obtenu l'effet de
« leurs prières par l'intercession de la Sainte-Vierge,
« reine des Vertus. »

« Depuis ce temps, Offranville n'a point cessé son pèlerinage. C'est chose charmante de voir, le matin d'un beau jour de mai, arriver ces pieux laboureurs demandant à la reine des Vertus de bénir leurs moissons naissantes et leurs arbres en fleurs. Parfois on voit de jeunes enfants, le jour de leur première communion, venir, avec des robes blanches, consacrer à Marie les prémice de leur innocence et le printemps de leur vie. Bien des âmes souffrantes ont déposé sur l'autel de pieuses images qui sont restées là comme de continuelles prières (1). »

En quittant le hameau des *Vertus*, n'oublions pas de mentionner un camp qui fut tenu sur ce plateau au siècle dernier, et qui est encore connu dans les souvenirs sous le nom de *Camp-des-Vertus*.

Ce fut pendant la *guerre de Sept-Ans* (1756-1762), que des régiments campèrent dans cette plaine, à présent couverte de moissons. Nous citerons parmi ceux qui y tinrent garnison les régiments de *la Reine*, de *Bretagne*, de *Saintonge*, de *Thianges*, de *Beauvoisis*, de *Beauffremont*, de *Salis-Grisons* et du *Royal-Comtois*, qui fut le dernier avec ceux de *Normandie* et de *Royal-Marine*. Chose singulière, personne n'a pu nous montrer l'enceinte, à présent disparue, qui pendant plusieurs années fut foulée par des milliers d'hommes et de chevaux. Tant il est vrai que tout passe bien vite dans la mémoire des hommes !

---

(1) *Les Églises de l'arrondissement de Dieppe : Églises rurales*, p. 93.

PROMENADE

De Dieppe à Arques, par Saint-Pierre-d'Epinay, Rosendal, Bouteilles, la Moinerie et Machonville; retour par Archelles, le Champ-de-Bataille, Martin-Eglise, Etran et Bonne-Nouvelle.

Malheureusement, nous sommes réduit à vous esquisser rapidement cette promenade d'Arques, la plus recherchée et la plus indispensable de toutes celles qui se font à Dieppe pendant la saison des bains. Quelques-uns vont à Arques dans un bateau, en remontant le cours de la *Dieppette* formée de trois rivières réunies, l'Eaulne, la Béthune et la Varenne; mais le plus grand nombre suit la vieille chaussée qui longe les collines encaissant la ville de Dieppe du côté du couchant. C'est cette même route, naguère classée sous le titre de chemin de grande communication n° 1er de Dieppe à Argueil, que nous suivrons aujourd'hui. Elle est devenue facile, grâce aux travaux opérés par la voirie départementale, de 1836 à 1850.

Déjà, toutefois, on peut voir qu'elle est trop étroite à cause de l'étonnante circulation qui s'est développée sur elle depuis quelques années. Constamment elle est fréquentée ; mais l'été, pendant trois mois, elle est encombrée de piétons, de voitures, d'équipages, d'*omnibus*, de cavaliers et de caravanes d'enfants montés sur des ânes ; aussi son élargissement est-il décidé pour un prochain avenir, et peut-être quand vous reviendrez elle sera devenue une belle route départementale. Mieux eut valu qu'elle fut devenue route impériale, car peu de chemins en France sont plus fréquentés que celui-ci.

Nous sortons de Dieppe par l'antique porte de la Barre qui se rattache à l'origine même de la ville. Nous longeons tout un quartier neuf bâti depuis quelques années, composé de fraîches maisons et de jardins soigneusement entretenus. Je dois vous signaler l'établissement de feu M. Racine, horticulteur de mérite qui, à un jardin fort bien tenu, réunissait une charmante collection d'insectes. Par son cabinet et ses connaissances spéciales, il représentait à Dieppe l'entomologie, comme M. J. Hardy y représentait l'ornithologie. Du reste, la ville de Dieppe a acheté, dans le cours de 1864, la collection de M. Hardy qui sera la base d'un musée d'histoire naturelle.

Admirons en passant le nouvel hospice de Dieppe qui, en assainissant et en embellissant la vallée, est venu former ici une ville nouvelle. Une coupure gigantesque, pratiquée à même la colline, a fourni les 100,000 mètres de remblai sur lesquels on a assis ce palais de l'Indigence qui a coûté plus de 800,000 fr. et qui s'est élevé en moins de trois années (de 1856 à 1859). Depuis un siècle ou deux les eaux de la mer ne pénètrent plus dans cette vallée, jadis leur domaine exclusif; désormais les torrents et les alluvions de la terre ferme n'y entreront pas davantage, car ils seront arrêtés par les puissants remblais de l'hospice et du chemin de fer.

Ce chemin de fer, dont nous voyons à notre gauche l'assiette gracieuse, c'est un isthme ou une presqu'île jetée sur un océan de verdure. Commencé en 1846 en vertu d'une loi votée le 14 juillet 1845, il a été inauguré le 29 juillet 1848. Tout le vaste terre-plein sur lequel s'est assis l'embarcadère avec ses entrepôts, ses magasins, ses ateliers, ses fours et ses chantiers, tout cela a été pris à cette énorme coupure de Saint-Pierre qui s'ouvre sur votre droite, à l'embouchure du vallon de Janval.

Ce hameau de Saint-Pierre était connu jadis sous le nom d'Epinay. C'est le titre que lui donne la charte de l'archevêque Flavacourt qui, en 1282, partagea la ville de Dieppe en deux paroisses; mais, comme point d'habitation, il remonte bien au-delà du XIIIe siècle. Nous l'avons reconnu en 1847, lorsque le chemin de fer ouvrit la grande tranchée où il passe à ciel ouvert. Pendant les travaux de déblaiement on trouva une trentaine de squelettes de l'époque franque, et probablement de la période carlovingienne; nous avons remarqué surtout, dans ce cimetière inconnu, trois sarcophages en pierre de Saint-Leu et quelques vases en terre noire, semblables à ceux des Francs, nos pères.

Ces débris humains, soulevés ainsi par l'industrie et la spéculation, étaient vraisemblablement les restes des anciens sauniers qui, dès le viie siècle, exploitaient les salines dont cette prairie était couverte. En face et tout près de vous, vous pouvez voir, sur votre gauche, une motte de terre faite de main d'homme, que quelques-uns nomment encore la *Butte-des-Salines*, pensant qu'elle a servi autrefois à la fabrication du sel; pour nous, nous croyons qu'elle renferme elle-même dans ses flancs le secret de son origine et le motif de son existence.

Ce fut seulement à partir du xvie siècle que le hameau d'Epinay prit le nom de Saint-Pierre, à cause d'une chapelle construite en 1573, en l'honneur de saint Pierre-ès-Liens et de saint Firmin, martyr d'Amiens. Elle était l'œuvre de deux frères ermites dont les noms ne sont connus que de Dieu; la Révolution l'a supprimée, et depuis on en chercherait vainement la trace.

Sur la côte qui domine ce modeste hameau, des bâttories furent établies par le chef de la Ligue lorsqu'il vint assiéger Henri IV dans les murs mêmes de Dieppe. Ce fut le 26 septembre 1589, cinq jours après la bataille d'Arques, que Mayenne se permit cet excès d'audace, fier de sa nombreuse armée. On montre encore dans la prairie le point où il traversa la rivière d'Arques ou la *Dieppe*, comme vous voudrez l'appeler. Il ne manque pas de braves gens et même de chroniqueurs pour vous dire qu'il tarit un moment le petit fleuve avec un *baril de vif-argent*.

De Saint-Pierre, nous arrivons par une route délicieuse au vallon de Rosendal, jadis guinguette célèbre comme les *Roozendals* de Dunkerque, d'Anvers, de Hambour et de Stockholm, à présent devenue une charmante maison de campagne. Ici coula sans doute quelque petit ruisseau, car la charte de 1282 et les titres ultérieurs appelaient ce hameau le *Val-Druel* ou le *Vau-Druel*, ce qui signifie le *Vallon-du-Ruisseau*, avant qu'il eût été baptisé par les corsaires flamands du premier empire.

BOUTEILLES.

De Rosendal un chemin enchanteur nous conduit à Bouteilles. Bouteilles, humble village dont le nom même a péri, car l'administration ne le connaît plus que comme une affixe de Rouxmesnil. Autrefois pourtant, ce fut une puissance, une propriété ducale, un fief archiépiscopal, et, par-dessus tout, un centre d'industrie où chaque grandeur d'alors se disputa une parcelle de terrain. Nous passons derrière la chaumière qui fut jadis la *haute justice*, et le long du clos où se tenaient les *plaids*, la *cohue* et l'assemblée de la Saint-Jean, la fête du pays. Avant d'arriver au cimetière que traverse le nouveau chemin depuis 1842, accordons un regard à une vieille gentilhommière, nommée *Haqueménouville*, construite en grès et en caillou noir, dans l'appareil de la fin du XVIᵉ siècle. Au temps de Louis XIII, cette maison devint la propriété des Jésuites qui, jusqu'en 1762, en firent une annexe de leur résidence de Dieppe.

Vous cherchez vainement l'église dédiée d'abord à saint Aubin, puis à saint Saëns, et démolie vers 1806. Donnée au monastère de saint Wandrille dès 672 par le roi Childéric II, volée par les Danois de Rollon, elle fut restituée au nom des Normands convertis par le duc Richard II, dans la charte délivrée à Fécamp, l'an 1024 de notre ère.

De l'histoire de cette église nous ne connaissons guère que la légende du *Loup de Bouteilles*, que je vais vous raconter.

Un loup, sorti de la forêt d'Arques, poursuivait un agneau qui paissait dans la prairie ; cet agneau s'enfuit à l'aspect du loup, entraînant avec lui le piquet auquel il était attaché. La frayeur le poussant vers l'église, il trouve la porte ouverte et il y entre : le loup l'y suit. L'agneau fait le tour des nefs, puis ressort par la porte, toujours poursuivi par son adversaire. Le piquet accroche la porte et la ferme ; le loup, alors, reste pris dans l'église ; les bêlements de l'agneau appelèrent les habitants qui, apercevant le loup, se mettent en devoir de l'assommer, ce qu'ils firent.

Par une idée assez étrange, dont le moyen-âge seul s'est montré capable, l'image du loup fut sculptée sur pierre et placée au portail selon les uns ; au sommet du pignon de l'ouest selon les autres. Le beau sire a trôné là jusqu'à la ruine de l'église, il y a cinquante ans à peine. Nous regrettons vivement la perte de cette image grotesque, qui, par son souvenir, se rattachait à la famille du loup de saint Hervé, à Chalonne-sur-Loire, et à celle du loup vert de sainte Austreberthe. Ce dernier, pendant longues années, porte le linge des moines de Jumiéges aux religieuses de Pavilly (1).

(1) Du reste, les loups étaient très communs parmi nous au moyen-âge. Nous pourrions citer dans le seul département de la Seine-Inférieure plus de vingt-cinq localités qui tiennent leur nom des loups, dernier souvenir de ces carnivores. Mais on aura une idée de leur fréquence en France en lisant le « *Mande-*

Autour de cette église de Boutoilles, désormais nivelée jusqu'au sol, des fouilles faites de 1842 à 1857 nous ont révélé la présence d'environ quarante cercueils de pierre du xie et du xiie siècle, rangés presque tous sous la gouttière de l'église. Quinze de ces cercueils contenaient des croix de plomb, découpées comme des croix de Malte, et placées sur la poitrine des morts, qui les pressaient sous leurs bras croisés. Ces croix, couvertes de caractères gravés à la pointe, contenaient des formules d'*oraison*, d'*absolution* ou de *confession*. Ces images et ces prières prouvent de la part de nos pères une foi bien vive, non seulement en la croix du Rédempteur, mais encore en la confession des péchés et en l'absolution du prêtre.

Nous donnons ici deux spécimens de ces croix.

Ces croix, maintenant déposées à la Bibliothèque de Dieppe et au musée de Rouen, ont été publiées avec illustration dans notre *Magasin pittoresque* et dans les meilleurs recueils archéologiques de Caen, de Rouen, de Paris et de Londres. Jusqu'ici des croix pareilles sont rares, quoiqu'on en signale quelques-unes en France et en Angleterre.

ment ou discours de messire Guillaume Le Blanc, évêque de Grasse, à ses diocésains, touchant l'affliction qu'ils endurent des loups en leurs personnes, et des vermisseaux en leurs figuiers en la présente année, 1597. » *Tournon,* 1598

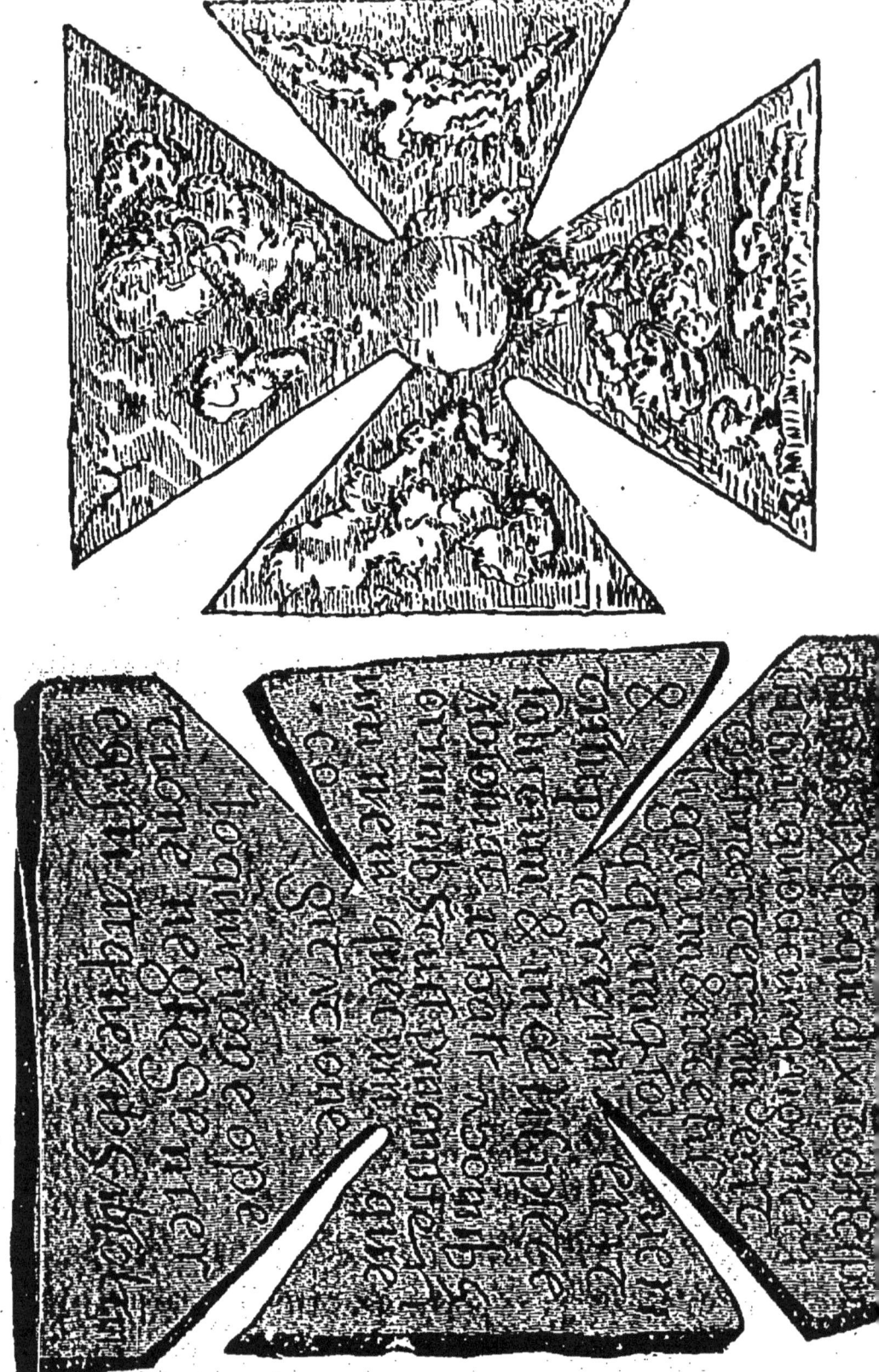

Outre ses cercueils de pierre et ses croix de plomb, le cimetière de Bouteilles a encore donné près de deux cents vases en terre cuite, forés, noircis par le feu et contenant du charbon. Quelques-uns de ces vases ont renfermé de l'eau bénite, jetée ainsi dans la fosse des morts; d'autres contenaient des parfums destinés à embaumer les corps; mais la plupart ont possédé du charbon allumé, sur lequel on faisait brûler l'encens pendant les funérailles. Tous ces usages, chers à nos pères des siècles passés, sont à présent bien loin de nous.

Les hommes qui remplissaient ces sarcophages, qui possédaient ces croix et que l'on accompagnait de ses vases, étaient d'anciens salotans ou sauniers de Bouteilles, de Machonville et de Bernesault. Car il faut bien le dire, cette terre était une grande et vaste saline dont la propriété, royale sous les Francs mérovingiens et carlovingiens, fut ducale sous les Normands, enfin pontificale à partir de 1197, lorsqu'elle eut été cédée à Gautier de Coutances, archevêque de Rouen, par le duc-roi Richard-Cœur-de-Lion. Toutefois, beaucoup d'abbayes partageaient avec le métropolitain de la Normandie la possession des salines de Bouteilles. De ce nombre nous citerons l'Isle-Dieu, Beaubec, Envermeu, Fécamp, le Vallasse et surtout Saint-Wandrille, dont la concession remontait jusqu'au commencement même de la monarchie.

Les salines de Bouteilles, dont l'exploitation durait encore au xvi° siècle, sont devenues une verdoyante prairie depuis que la mer ne pénètre plus dans la vallée.

Mais il nous faut quitter à regret cet intéressant village sur lequel les *Cartulaires*, les *Cueilloirs* et les *Coutumiers* nous ont laissé d'intéressants documents, sans compter ceux que nous fournit le sol. Aujourd'hui le but de votre course est ailleurs.

A peine a-t-on laissé ce cimetière abandonné qu'entourent quelques masures chétives, que l'on arrive à une vieille croix de pierre que nous appellerons, avec le peuple, la *Croix-de-la-Moinerie*. Nous sommes ici au milieu de notre course entre Dieppe et Arques, et peut-être ce monument chrétien a-t-il remplacé quelque pierre antique, consacrée par la superstition des idolâtres.

Cette croix, à présent sur la gauche de la route, était autrefois sur la droite et perchée sur la crête du rideau qui nous domine. De vieilles cartes géographiques prouvent que cette position était fort ancienne. Lorsqu'en 1841 la voirie départementale opéra le talus qui est en face de nous, on aperçut dans la coupe des terrains une foule de squelettes dont la croix surmontait la tombe. Quels étaient ces hommes et de quelle époque? Nous ne saurions le dire. La croix en tuf et en pierre meulière est du xii° siècle; il est probable que les sépultures

CROIX DE PIERRE DU XIIᶜ SIÈCLE,
dite de la *Moinerie*, à Bouteilles.

étaient de ce temps. Comme la croix porte le nom de la *Moinerie*, peut-être surmontait-elle la tombe des moines de Beaubec, décédés dans leur prieuré de Bernesault près duquel nous allons passer tout à l'heure.

Ajoutons qu'en 1855 nous avons relevé, aux frais du département, cette vieille croix depuis longtemps renversée de sa base, et dont les débris jonchaient le chemin comme des pierres de scandale. Ce calvaire, pour nous, c'est un souvenir, c'est le seul monument religieux de Bouteilles, c'est aussi l'un des plus vieux témoins du christianisme dans la contrée. Nous donnons en regard une charmante représentation de cette croix rustique.

A quelques pas de la croix de pierre et en face d'une tranchée d'argile où niche une tribu d'hirondelles, vous voyez sur votre droite un pan de mur accroupi qui ressemble à un vieillard courbé sous le poids des années. Cette vieille muraille couverte de lierres séculaires, c'est la *Moinerie*, D'où lui vient ce nom ? Le peuple n'en sait rien ; mais après avoir consulté comme Assuérus les archives de notre empire, nous croyons pouvoir assurer que ces ruines et ce nom se rattachent à l'ancien prieuré de Bernesault que possédaient ici les moines de Beaubec.

La terre de Bernesault ou Bernesalt, comme l'appellent les Cartulaires, fut donnée vers 1198 avec son bois et ses marais aux Cisterciens de Beaubec, alors dans toute la ferveur de leur commencement. Ces moines laborieux fondèrent ici une colonie ou prieuré. Ils défrichèrent le bois, plantèrent un vignoble et établirent des salines. A l'aide d'un travail sanctifié par la prière, ils cultivèrent cette terre et firent marcher de front la culture et l'industrie. Ce sont peut-être les restes de ces défricheurs de nos forêts que la bêche des voyers retrouvait naguère sous la croix de la *Moinerie*.

MACHONVILLE.

Mais nous descendons à Machonville, petit hameau qui s'allonge jusqu'au territoire d'Arques, en nous escortant de ses chaumières alignées sur les deux bords de la route. Ce hameau de Machonville, qui n'est plus que la retraite de quelques jardiniers, cultivateurs ou herbagers, dut être habité dès la plus haute antiquité, car on y retrouve çà et là des débris romains. Son nom aussi figure dans les chartes du xiie et du xiiie siècle ; mais il y figure singulièrement, et il faut convenir que depuis 600 ans il a été plusieurs fois modifié. Sous saint Louis ou Philippe-Auguste, Machonville s'appelait *Emerchonville* et *Hermencherville*, et il possédait alors (qui le croirait aujourd'hui?) des marais, des salines et un port ou quai pour les bateaux. (*Salina de portu de Hermencheville.*)

Comme nous l'avons déjà dit et comme nous le répéterons encore, la mer autrefois couvrait toute la vallée d'Arques, et les vieux herbagers de Machonville disent encore les *Salés* en parlant de leurs verdoyantes prairies. D'ici vous pouvez les admirer à l'aise ces prés fertiles tout couverts de troupeaux. Ces bœufs, qui parsèment cette immense prairie, ne sont pas tous la propriété des riches herbagers de la vallée ; les pauvres ont aussi leur place à l'herbage comme au soleil. Les plus belles prairies de ces vallées, ce sont des *Communes* données autrefois par des ducs, des rois ou des pontifes. En un mot, ce sont des legs du moyen-âge et un héritage de la féodalité. Chaque chaumière ici possède sa vache, nourricière des enfants, occupation des vieillards et l'amie de la famille dont elle est souvent toute la fortune. Ainsi ces innombrables bœufs que vous voyez réunis par toute la vallée, ce n'est pas seulement la richesse des propriétaires et des fermiers, c'est aussi la providence des pauvres qui, de cette sorte, ignorent la misère des grandes villes.

Au point où nous sommes, l'aspect du pays est magnifique. Nous avons devant les yeux un vrai panorama : en face de nous c'est le bourg d'Arques, qui se montre avec son clocher élancé et son église aux toits aigus ; ses maisons, qui semblent se nicher sous le feuillage, sont dominées par la masse ruineuse et ébréchée du vieux château; puis derrière ce bourg historique s'enfonce la vallée de la Varenne, toujours forestière, mais riche de gloire dans le passé, car elle fut le berceau des Warenne, conquérants de l'Angleterre, châtelains de Lewes et alliés à la famille même de Guillaume. Puis entre les *Monts-Raz* et la pointe de la forêt d'Arques, dominée par l'Alibermont, s'ouvre la *Bethune*, l'ancienne *Tale* qui donna son nom au comté de Talou, dont Arques fut la capitale. Cette rivière qui arrose Neufchâtel, a vu s'élever le château de Mesnières et le manoir de Bures. Puis, après avoir été témoin des luttes de Lothaire avec Richard-sans-Peur, elle assista un jour aux noces de ce même Richard avec Gonnor, la fille du forestier d'Equiqueville. Comme on le voit, c'était le temps où les rois épousaient des bergères.

Mais voici que nous arrivons dans Arques. Avant de le visiter en détail, il faut que je vous retrace, en quelques mots, l'importance de ce bourg qui se présente à nous si paisible et si champêtre.

ARQUES.

Arques est une terre antique. C'est le débris d'une civilisation passée; c'est un tronçon de cette grande féodalité qui couvrit l'Europe au moyen-âge et qui jeta de si profondes racines dans le sol de notre France. Voyez le château qui reste encore : n'est-ce pas la plus haute expression de cette phase de la société qui n'est plus ? Ses fondements indestructibles ont pénétré jusqu'aux entrailles de la terre, tandis que ses impérissables donjons défient encore, pour bien des siècles, les outrages des hommes et du temps.

Le sol d'Arques proclame partout une puissance déchue. Sa *chaussée* d'Archelles, ses rues *de Rome, de Lombardie* et *des Bourguignons*, ses médailles romaines et françaises, ces noirs charbons, ces longs pans de mur qui jonchent partout le sol ; en un mot, ces débris de toute espèce que l'on rencontre à chaque pas, nous entretiennent perpétuellement de son antique splendeur. De vieilles chapelles, des couvents, des prieurés, des champs de bataille, d'antiques maladeries, des *Bels,* des *cohues*, des prisons, des tribunaux, des bailliages, des sénéchaussées, nous disent assez tout ce que fut autrefois cette métropole du comté de Talou, chef-lieu des poids et mesures.

De grands hommes ont foulé cette terre historique. Gosselin le vicomte, fondateur des abbayes de Saint-Amand et de Sainte-Catherine, y transporta le siége de sa puissance ; Guillaume-le-Bâtard y étouffa la révolte et raffermit sur sa tête la couronne ducale ; Beaudouin de Flandres, Geoffroy Plantagenet, Louis-le-Jeune, Philippe-Auguste, Richard-Cœur-de-Lion, combattirent sous ses murs ; saint Louis (1), Charles VIII, François Ier, Louis XIV (2), y firent de pacifiques pèlerinages. Mais, de tous ces puissants visiteurs, celui dont le souvenir est resté le plus profondément gravé dans les esprits et dans les cœurs, c'est ce bon et vaillant Henri IV, qui y gagna son royaume. Ici, comme dans beaucoup d'autres lieux de France, c'est encore

« Le seul roi dont le peuple ait gardé la mémoire. »

En entrant dans ce bourg, qui a abdiqué en faveur de Dieppe, nous rencontrons un pieux monument et un vieux souvenir. Le monument resté debout, c'est un modeste calvaire en fonte, greffé en 1840 sur un piédestal de grès du XVIe siècle. Cette base, qui porte le millésime de M DCC XIX (1519), provient de l'ancien cimetière de Bouteilles que nous venons de traverser. Quant au souvenir historique dont nous avons parlé, il se rattache à la chapelle disparue de Sainte-Wilgeforte ou de Saint-Dignefort. Cet humble oratoire, démoli pour toujours en 1850, avait été supprimé et vendu à la Révo-

(1) *Registre des visites pastorales d'Eudes Rigaud.*
(2) *Hist. du château d'Arques*, par M. Deville.

lution. Quoique transformée en chaumière profane, cette chapelle était encore vénérée par les populations qui saluaient son sanctuaire du xiie siècle, construit en pierre, percé de deux lancettes ogivales et muni d'un vigoureux contrefort. Qui croirait qu'en 1706 les Bollandistes se sont occupés de ce modeste oratoire lorsqu'ils rédigèrent les actes de la sainte patronne, fêtée ici le 19 de juillet. Du reste, comme la mémoire des saints ne périt pas, vous retrouverez le culte de la vierge mystérieuse dans l'église d'Arques, où nous allons entrer.

Mais avant de pénétrer dans l'église, accordons un souvenir à deux maisons du bourg : l'une de pierre et du xviie siècle porte cette vieille devise énigmatique et chrétienne tout à la fois :

FOELIX DOMVS VBI
DE MARIA MARTHA
CONQVERITVR
1618.

L'autre, en brique rouge et du xviiie siècle, a vu naître dans son sein, le 12 septembre 1777, le célèbre naturaliste Ducrotay de Blainville, le successeur de Cuvier au Muséum et dans la science. Jusqu'à son dernier moment, M. de Blainville aima sa chère patrie, et c'était vers elle qu'il dirigeait ses derniers pas quand la mort l'a frappé dans un wagon, le 1er mai 1850.

Comme les grands hommes sont la gloire la plus pure et la plus durable du pays qui les a vus naître, nous avons cru devoir consacrer le berceau de M. de Blainville par un marbre commémoratif. Voici l'inscription qu'en 1864 nous avons été heureux de placer sur sa maison natale, avec le concours du département :

ICI EST NÉ

LE 12 SEPTEMBRE 1777

HENRY-MARIE DUCROTAY DE BLAINVILLE

NATURALISTE CÉLÈBRE

DÉCÉDÉ A PARIS LE 1er MAI 1850.

Enfin, n'oubliez pas non plus un ancien couvent de Bernardines fondé sous Louis XIII, fermé à la Révolution et devenu aujourd'hui une charmante habitation privée. Le célèbre Houard, dans son *Dictionnaire de droit normand* (t. 1er, p. 90), nous a conservé la touchante lettre de fondation de cette maison de prière et d'éducation. C'est une patente de Louis XIII, datée du 13 août 1636, et déclarant qu'une abbaye de l'ordre de saint Bernard est fondée au bourg d'Arques par les frères de Guiran, sieurs de Dampierre. Cette maison fut établie pour des religieuses vouées à l'instruction de la jeunesse. Les premières sœurs vinrent de l'abbaye de Saint-Aubin, près Gournay, une des filles aînées de la vieille abbaye de Bival. La première abbesse fut mademoiselle de Guiran, sœur des deux fondateurs. Depuis, les religieuses ont eu le droit de choisir leurs supérieures. Le couvent, réuni en présence de l'archevêque de Rouen ou de l'un de ses commissaires, élisait quatre sujets parmi lesquels le baron de Dampierre, issu des fondateurs, choisissait l'abbesse que l'archevêque agréait et bénissait.

Sécularisée comme tant d'autres à la grande Révolution française, cette maison fut vendue au district de Dieppe, le 27 décembre 1792, pour la somme de 26,000 livres.

Depuis trois quarts de siècle que les religieuses en sont sorties, elle est passée de main en main pour briller aujourd'hui d'un éclat nouveau. Son propriétaire actuel, M. Taillandier, de Paris, ancien député et conseiller à la cour de cassation, est l'homme de France le plus digne de posséder une ancienne abbaye. Après en avoir fait une demeure charmante pour sa famille, il a su conserver encore sous son toit rajeuni une place pour les abbesses et les anciens souvenirs.

Mais nous voici devant l'église d'Arques, charmant vaisseau encadré de collines boisées et entouré d'un verdoyant cimetière. Saluez la vieille croix de pierre du xvii⁰ siècle, que le temps a mutilée, mais que le vandalisme a posée sur des dalles tumulaires du xvi⁰, arrachées au pavage même de l'église.

Nous ne décrirons pas ici cette délicieuse église, le temps nous manque et la place aussi. Nous renvoyons le lecteur, curieux d'en connaître la description et l'histoire, au livre que nous avons publié, en 1846, sur *les Eglises de l'arrondissement de Dieppe.* Toutefois, en faveur du lecteur qui ne fait que passer à Arques et qui n'a pas le temps d'ouvrir un volume, nous analyserons seulement la construction et l'ameublement.

Le clocher, que nous trouvons au portail, est une pyramide de pierre bâtie au xvii⁰ siècle dans le style ogival. Commencé vers 1605, il fut continué en 1610, 1620 et 1628, et enfin terminé vers 1633, comme l'indiquent les chiffres inscrits sur ses assises. La flèche en hache, indice du temps de Louis XIII, était terminée par une croix de fer accompagnée *d'une fleur de lis en plomb avec un pot et une anse,* symbole du privilége des poids et mesures dont la métropole du Talou était si fière.

Le portail actuel, lourd et mauvais, a été construit vers 1780. Il remplace un joli porche ogival du xvi⁰ siècle. La nef, un peu basse et écrasée, doit être l'œuvre de la fin du xvie siècle. Elle remplace le vaisseau, qui fut brûlé par Charles-le-Téméraire. La charpente actuelle, ancien ouvrage de bois, remarquable surtout par ses pendentifs, est l'œuvre de Guillaume Boitout, charpentier de Hautot-sur-Mer. Elle fut exécutée en 1583. Cette nef est contemporaine de celle de Neuville-le-Pollet, à laquelle elle ressemble complètement.

La plus belle partie de l'église d'Arques, c'est le chœur avec ses chapelles latérales et les transepts. Commencée vers 1515, sur un plan majestueux et splendide, cette portion de l'église s'éleva lentement et ne fut terminée que vers 1574, époque où Boitout posa la charpente de la *croisée*. Le maçon principal, nous n'oserions dire l'architecte, de ce délicieux sanctuaire, fut Nicolas Bédiou, mort en 1572, dont nous avons fait encastrer la pierre tombale dans les murs du transept.

La merveille de l'église d'Arques, ce que l'on ne retrouve nulle part ailleurs, c'est le jubé de pierre placé entre le chœur et la nef. C'est un chef-d'œuvre de l'art, ainsi que l'escalier qui y conduit. Ce délicieux enfant de la Renaissance dut voir le jour vers 1540. On prétend lire sur ses pierres le nom de Mayenne gravé par la main du chef des Ligueurs.

Nous recommandons encore à l'attention de l'étranger et du voyageur les balustrades du chœur, les rétables de pierre du sanctuaire et des chapelles latérales, ainsi que leurs niches et leurs élégantes piscines. Qu'ils essaient de déchiffrer les restes des vitraux reproduisant *l'Arbre de Jessé, la Naissance de Jésus-Christ* et *la Messe mystérieuse de saint Grégoire*, mais surtout qu'ils s'arrêtent longtemps à contempler les ravissants lambris de chêne sculptés avec tant de grâce et conservant encore les armes et les noms de leurs donateurs. Ce travail du sculpteur Raudin est une petite merveille, et ce qui nous étonne encore plus c'est de lire sur la balustrade le chiffre de 1613. A Arques, les arts et les styles ont duré plus longtemps qu'ailleurs.

Avant de sortir de l'église, que nous ne quittons qu'à regret pour visiter le château, vous remarquerez au bas de la chapelle de Saint-Nicolas une niche où est placé le buste du vainqueur d'Arques, auquel un curé ligueur ne permit pas l'entrée du sanctuaire.

La Révolution a brisé le buste de pierre et enlevé l'inscription de marbre que l'on retrouve sur une maison du bourg. Mais en 1860, grâce à la bienveillance de M. le préfet de la Seine-Inférieure et à la prière de M. le curé d'Arques, nous avons pu replacer une inscription nouvelle, calquée sur l'ancienne au point de s'y méprendre.

Voici ce que dit cette naïve légende que vous déchiffrerez aisément :

> Roy de France et de Navarre.
> Henry-le-Grand gaigna la iovrnée
> En ce liev d'Arqves, le 21 septembre 1589.
> Il movrvt le 14ᵉ jovr de may 1610.
> L'uniuers cainct son front des lauriers de sa gloire ;
> La France ha ces trophées et Paris ces trésors.
> Arques, Yury, Coutras ont chacun leur victoire ;
> Les Cieux ayent l'Esprit, Saint-Denis a le corps.
> Louis XIIIᵉ est roy.

Maintenant franchissons le *Bêle* (1), vieille enceinte murée et fossoyée où se rendait la justice et où se retirait la population tout entière en cas de guerre, de siége ou d'invasion ennemie. Vous pouvez voir encore à droite et à gauche des pans de mur, des portes ruineuses, des fossés comblés et des terrassements aplatis, tout cela ce sont les restes du Bêle, refuge fermé qui accompagne plusieurs châteaux du moyen-âge.

Trois portes permettaient de pénétrer dans le château d'Arques. La *porte de Longueville* ou *de Secours*, qui est

---

(1) Il y a à Caen un *Besle* que l'on appelle aussi la *place d'armes du château*. Huet, *Origines de Caen*, p. 41. — L'abbé Do, *Recherches hist. et crit. sur saint Regnobert*. p. 169. On y trouve des antiquités jusqu'à six mètres sous terre.

sur la plaine, la *porte de Martigny*, pour ceux qui descendaient la vallée de la Varenne, et enfin la *porte du Bèle*, pour nous qui venons de Dieppe et de la mer.

Pendant que nous montons péniblement le sentier qui mène au vieux château, nous vous donnerons un bon conseil. Si vous voulez étudier comme il convient ce curieux débris du passé féodal de la Normandie, vous ferez bien d'acheter, chez le concierge de la forteresse, l'*Histoire du château d'Arques*, par M. Deville. C'est un excellent ouvrage écrit avec une pureté, une clarté, une conscience et une critique qui n'appartiennent qu'à notre savant confrère. Si votre fortune ne vous permet pas ce sacrifice, qui pourtant serait un trésor pour votre bibliothèque, vous ne pourrez vous dispenser d'acheter l'abrégé du même ouvrage, rédigé par l'auteur lui-même qui l'a donné aux pauvres d'Arques. C'est une aumône que vous déposerez, en échange d'un plaisir, entre les mains du portier devenu aussi l'agent du bureau de bienfaisance.

Si j'étais M. Deville, M. de Caumont, M. Vitet ou M. Viollet-Leduc, je vous conduirais savamment au milieu de cette enceinte ruinée, et j'en ressusciterais devant vos yeux toute l'habile stratégie : les tours, les souterrains, les escaliers, les donjons, les portes et les fossés reprendraient leur rôle naturel et primitif, et vous vous croiriez un moment revenus au temps de Guillaume-le-Bâtard, de Henri Plantagenet, de Philippe-Auguste, de Jean Talbot, de Charles VII ou du Béarnais. Mais tout ceci est au-dessus de mes forces, et le temps me manque pour les recherches nécessaires à ce gigantesque travail de résurrection.

En tout cas, je puis vous assurer que ce qui surpasse mes forces ne surpasse point celles de M. Viollet-Leduc. Cet architecte, aussi savant qu'habile, nous paraît avoir compris, disons mieux, deviné tout ce que fut le château des ducs normands. Il faut voir, dans son *Dictionnaire raisonné de l'architecture française* (t. III, p. 69-77), la merveilleuse description qu'il en donne et les dessins plus merveilleux encore dans lesquels on voit revivre les fossés, les bastilles, les palissades, les armures et les chevaliers bardés de fer.

Le château d'Arques remonte-t-il aux Romains ? Le système de son enceinte continue et échelonnée de tours leur appartient ; mais la terre nous cache le secret de cette origine antique. Un tiers de sol d'or des Francs est tout ce qui atteste ici leur passage avec le nom d'*Arcas*, écrit dans une charte de Pepin-le-Bref.

Les Normands paraissent les vrais fondateurs de cette

forteresse, essentiellement féodale. Guillaume de Jumiéges et Robert Wace s'accordent pour faire honneur de cette colossale construction à Guillaume de Talou, l'oncle du Conquérant. « Ce même Guillaume, dit le premier des deux chroniqueurs, reçut de son neveu encore adolescent le comté de Talou (*comitatum Talogi*). Le duc espérait l'attacher à sa cause par ce bienfait, mais il ne réussit qu'à faire un ingrat. Fier de son rang, Guillaume de Talou éleva, dans les pensées les plus ambitieuses, la citadelle d'Arques qu'il assit sur la crête d'une colline (*castrum Archarum in cacumine montis condidit*). »

Wace, au contraire, place le château au pied de la côte ; mais tous deux s'accordent sur le nom et les prétentions du fondateur (v. 8568-76).

> « Pur honur de sun parenté,
> Et pur aveir sa féelté
> Li ad li Dus en fieu duné
> Arches è Taillou li cunté
> Il le reçu, si huem devint
> Féelté fist maiz poi la tint,
> Pur dangier feru à sun seignur
> Fist de sus Arches une tur ;
> La tur fut faite el pié del munt. »

Assis sur les ruines de cette terrible machine de

guerre et de rebellion, nous demandons au lecteur la permission de lui lire ce drame sanglant dans un naïf chroniqueur contemporain :

« Après ce fait ainsi advenu, ledit Guillaume, comte d'Arques, qui estoit oncle Guillaume-le-Bastard, frère du duc Robert de par son père, se pensa qu'il estoit légitime et ledit Guillaume estoit Bastard : et que à lui appartenoit le duché de Northmandie, au-devant du duc Guillaume, si fist faire faire une tour moult forte au-dessus du chastel d'Arques au plus haut de la montaigne où le chastel siet ; et garnit le chastel et la tour, et quest aliances partout où il le pouvoit trouver por tollir au duc Guillaume Northmandie, et ce ut le consentement de Henry, roy de France ; et quant Guillaume le Bastard le sceut manda à Guillaume d'Arques que comme il eut donnée Arques et la conté de Tallou et lui en eust faist hommage et à présent eust à faire de lui que il veinst lors à Rouen : et Guillaume d'Arques lui manda qu'il n'y entreroit jà et que de lui ne tenoit riens : mais entendoit que bientôt Guillaume le Bastard lui rendroit le sien qu'il lui détenoit contre raison. Quant le duc Guillaume ut la réponse oye si fust pensif et non sans cause, car il estoit joëne et n'estoit pas duit de guerre ; et Guillaume d'Arques commença à rober et ardoir le païs de Caux ; si assembla le duc autant de gens comme il put avoir et ala devant Arques ; et au pié de la montaigne en la vallée urdonna ung chastelet clos de palis et de fossés et là mit conte Guiffart et de ses meilleurs et puis se parti le duc et s'en ala à Valongnes »

« Le roy Henry mandé par Guillaume d'Arques vint loger à Saint-Aubin-sur-Scie pour détruire le chastelet de Guillaume. Il y eut bataille et les gens du duc eurent le dessus. »

« Sur ce Guillaume accourut de Valongnes et vint par les Viez, Saint-Clément, à Bayeux, à Caen, à Pont-Audemer, passa la Seine à Caudebec, et d'Illec à Baons-le-Conte, puis à Arques. »

« Il n'y mist que du jeudy dîner au vendredy soir. »

Guillaume d'Arques s'en fut chez le comte de Ponthieu et de Boulogne. (1)

Cette œuvre d'un conspirateur, quoique souillée dès sa naissance du sang de la rebellion, n'en joua pas moins un grand rôle dans l'histoire. Consolidée par Guillaume-le-Conquérant, agrandie par Henri Beauclerc, visitée par Richard-Cœur-de Lion et par Jean-sans-Terre, la citadelle d'Arques fut enfin reconquise par Philippe-Auguste. Reprise par les Anglais du xve siècle, elle devint le trône de Sommerset et le refuge de Talbot ; mais Charles VII y fit de nouveau flotter le drapeau blanc, dont elle

(1) Dom Bouquet. *Recueil des Hist. de France*, t. xi, p. 330, 331.

resta le plus fier soutien au milieu des luttes du xvi⁰ siècle. (1)

La bataille du 21 septembre 1589, qui a éternisé le nom d'Arques et l'a semé par le monde entier, fait encore aujourd'hui le plus bel ornement du château. Retournez-vous et vous verrez sur une arcade en ruine un bas-relief frais et neuf représentant le combat d'Arques et surtout le vainqueur de Mayenne. Ce bas-relief, si bien placé ici, a été inauguré le 21 septembre 1845 par M. J. Reiset, le propriétaire éclairé de ces ruines, vraiment digne de posséder un des plus augustes débris du monde féodal. A cette dédicace tout archéologique assistait l'historien du château, que les révolutions ont éloigné de nos contrées et de la science.

Depuis le canon de Henry IV, le château d'Arques a fait silence! Le temps, plus fort que le fer, a désarmé et terrassé ce géant de pierre, et depuis trois siècles il descend doucement et lentement dans la tombe. Chaque hiver, arrachant une de ses pierres,

(1) M. Deville pense que Henri I⁰ʳ ajouta au château d'Arques un donjon et des remparts. (*Hist. du château de Tancarville*, p. 3 et 4). Son opinion est basée sur ce texte de Robert du Mont, dans son *Appendix ad Sigebertum* : « *Henricus rex Castellum quod vocatur Archas turre et mœnibus mirabiliter firmavit.* »

le plonge dans ces fosses profondes qui vont devenir son tombeau.

Avant qu'il disparaisse tout à fait avec les siècles, jouissons, nous hommes d'un jour, du magnifique point de vue qui nous est offert.

« Au pied se range le bourg présentant, à travers des bouquets d'arbres, ses maisons demi-gothiques, demi-modernes ; du sein de ce groupe s'élève l'église qui semble protester religieusement contre la destruction qui a frappé tout ce qui l'entoure ; plus bas, sont des prairies offrant leurs tapis verdoyants bordés de saules et de peupliers, et que traverse la chaussée d'Archelles qui est comme jalonnée par les toits des maisonnettes qui la bordent ; Martin-Église élève au-delà, un peu à gauche, la flèche de son clocher ; plus loin, et tout à fait à gauche, les coteaux qui encadrent la vallée laissent une échappée de vue au fond de laquelle on découvre une partie de la ville de Dieppe et de la pleine mer. En face de soi, on a la forêt d'Arques, un des restes de ces grandes forêts qui couvraient le Nord de la Gaule et allaient joindre la forêt Hercynienne, dont les profondes solitudes inspiraient aux Romains plus de crainte que les tempêtes de l'Océan. A droite on aperçoit les Monts-Ras au pied desquels se rencontrent les vallées de la Varenne et de la Béthune. Sur le sommet de ces monts était jadis une pierre qui séparait les orages, écartant les nuées à droite et à gauche. Cette tradition nous reporte peut-être bien loin ; peut-être vient-elle de ces temps couverts d'une grande obscurité où l'homme, enveloppé dans les épaisses ténèbres de l'ignorance, et tremblant comme un être maudit cherchait une protection jusque dans le culte des pierres (1). »

Après avoir visité le donjon, la poterne, la porte de Longueville, et avoir circulé autour de la vaste enceinte bosselée de tours, hâtons-nous de descendre et de nous diriger vers le *Champ-de-Bataille* que nous apercevons d'ici dans sa nudité et sa solitude actuelles. Ce petit coin de terre, qui fit un jour tant de bruit dans le monde que l'écho en est parvenu jusqu'à nous, et qu'il retentira encore pendant bien des siècles, c'est tout simplement cette pointe de colline que vous voyez toute nue au pied de la verte forêt. Une colonne de granit domine cette lande où languit une pauvre chaumière, dernier vestige de la maladerie de Saint-Étienne, dont la bataille porta longtemps le nom parmi les contemporains.

Pour arriver au champ de bataille, il nous faut traverser la vallée et passer par Archelles.

(1) P.-J. Feret, *Promenades autour de Dieppe*, p. 94.

Pour franchir la vallée nous suivons la *rue de Rome*, débris d'une voie romaine, d'une de ces *Chaussées Brunehaut* qui de toutes les parties de la Gaule, rayonnèrent pendant plusieurs siècles vers la

« Veuve du peuple-roi, reine du monde encore. »

Mais si Rome a eu dans l'antiquité son réseau de voies et de chaussées qui convergeait vers elle, Arques au moyen-âge a été un centre de chemins pour le pays de Caux. Depuis Fécamp jusqu'à Duclair, depuis Duclair jusqu'à Londinières et depuis Londinières jusqu'à Eu, nous trouvons dans tous les villages, un tronçon de ces chemins Arquois qui couvrirent tout le pays. Chez nous le *chemin d'Arques* avait remplacé le *chemin de Rome*.

Nous franchissons sur plusieurs points la Varenne et la Béthune, qui tout à l'heure vont réunir leurs ondes afin de recevoir l'Eaulne mérovingienne. Les dernières maisons d'Arques près desquelles nous passons sont l'hôpital et la chapelle Saint-Julien, devenus des chaumières. Cette petite ville d'Arques était si chrétienne qu'à toutes ses portes elle avait placé des chapelles. Et encore nous n'avons pas parlé de la *chapelle royale de Sainte-Austreberte du château*, qui dominait le bourg.

Mais nous arrivons à Archelles. Archelles, c'est le petit Arques, c'est le diminutif et comme le reflet de la grande citadelle ducale, car Archelles aussi possède son château féodal, assis dans un jardin et ombragé d'un bouquet d'arbres. C'est un gracieux manoir du xvie siècle, construit avec de la brique rouge entremêlée de pierres blanches. Après trois cents ans nous admirons encore l'art infini avec lequel l'architecte a su fondre et marier ses couleurs. C'est que la Renaissance était le temps des grands artistes. Avec quelques teintes seulement on a pu obtenir une marqueterie agréable et variée. Les tourelles pointues, les fossés remplis d'eau, les crêtes découpées à jour, les épis jaillissant du toit, les girouettes blasonnées, devaient donner à ce châtelet un aspect poétique et chevaleresque qui contrastait heureusement avec les tours menaçantes et la masse colossale de son majestueux voisin. Le manoir d'Archelles avait près de lui son église, son moulin et son hameau. L'église, dédiée à saint Clément, a disparu à la Révolution : il ne reste plus d'elle qu'une pierre tombale réfugiée au château d'Arques. C'est la dalle tumulaire de messire Alexandre de Rassent, seigneur d'Archelles, et l'un des derniers gouverneurs de la grande forteresse royale.

Ce successeur des Mortemer, des Estoutteville, des

Talbot, des Bacqueville et des Sommerset est descendu dans la tombe en 1688, juste avec le château d'Arques. Tandis qu'il portait l'épée de capitaine des ville et château d'Arques, le vieux castel tombait déjà en ruine ; on avait cessé de l'entretenir et de le réparer. Les pierres commençaient à crouler dans les fossés ; mais on était loin de prévoir la misère et l'abandon dans lesquels il est tombé aujourd'hui. Sa masse bosselée de tours s'élevait encore droite et fière sur la vallée qu'elle commandait en reine. Le chapelain célébrait l'office dans la chapelle de Sainte-Austreberthe. De vieux archers veillaient encore aux portes et sur les créneaux ; l'aspect des armes, le bruit du tambour, le passage des hommes de guerre, la visite des rois, rappelaient encore de temps en temps les jours de gloire et de combats dont le souvenir n'était pas loin.

Mais à peine le vieux gourverneur eut-il fermé les yeux, à peine eut-il cessé de veiller de son manoir d'Archelles, sur ce majestueux débris des guerres féodales, qu'une nuée de loups-cerviers s'abattit sur ce lion devenu vieux. Ce fut à qui aurait la plus belle part de curée. On en prit pour des maisons, pour des chemins, pour des couvents, pour des églises. Les religieuses d'Arques construisirent leur monastère avec les pierres d'appareil, et M. de Clieu éleva avec les débris, son pavillon de Derchigny (1753-68) (1)

A ce nom de Rassent, à cette église et à ce manoir d'Archelles se rattache l'étonnante histoire d'une guérison miraculeuse qui eut lieu, ici, le 14 juin 1770, sur la personne de Angélique-Marie de Rassent, jeune fille de vingt-cinq ans, qui porta le nom de *Miraculée* jusqu'à sa mort arrivée le 9 avril 1825. Vous trouverez cette intéressante histoire dans les *Églises de l'arrondissement de Dieppe*, t. II, p. 111-18, et dans la *Galerie dieppoise*, p. 186-91.

Ce hameau d'Archelles, à présent si modeste, fut peut-être l'origine et le berceau de la vieille cité d'Arques. Ce qui est sûr, c'est qu'il remonte à l'époque romaine et chaque jour en ramène les preuves au-dessous du sol. Déjà, à différentes reprises, on y a recueilli des

---

(1) *Hist. du château d'Arques*, par M. Deville, p. 257 à 261. — Une maison du bourg, appareillée en tuf du château, a été construite, en 1781, par M. Larchevesque, syndic d'Arques. Voici l'inscription qu'on lit sur une pierre :

POSÉE LE 21 MAI
1781
PAR M^e
MICHEL-JACQVE
LARCHEVESQVE
SINDIC D'ARQVE

tuiles à rebords, des moules à broyer en poudingue et en lave volcanique, des vases à reliefs, de la poterie samienne, des statuettes de Vénus et des chandeliers de bronze. Mais c'est en 1853 que la plus belle découverte a été faite. Sous le champ désert où s'est livrée la bataille de 1589, un maçon d'Arques, nommé Turle, a découvert, en plantant des pommiers, une si grande quantité de pierres de taille, que sa petite cour s'est transformée pour lui en une vraie carrière. Il en a tiré une assez grande quantité pour bâtir et décorer le petit pavillon que vous pouvez voir récemment élevé à Archelles. Quelques-unes de ces pierres sont en tuf des vallées, si bien connu des Romains de nos contrées, qu'ils en ont appareillé leurs villas et le théâtre de Lillebonne ; mais la majeure partie vient de Saint-Leu et de Vergelé, et elle indique la place d'un bel et somptueux édifice. La plupart, en effet, avaient été taillées et quelques-unes conservaient encore, outre les moulures, des agrafes de fer soudées avec du plomb, reste de leur jonction et de leurs assises.

Le détail le plus intéressant que nous ayons remarqué, ce sont des feuilles d'eau imbriquées, genre de décoration fort commun dans nos contrées au temps de Constantin. Des fragments de sculpture de ce genre ont été vus dans les ruines antiques de Lillebonne, dans les débris romains du Bois-l'Abbé, près Eu, fouillé, en 1820, par M. Estancelin, et dans la villa de Sainte-Marguerite-sur-Saâne, explorée par M. Feret, de 1840 à 1846.

Outre ces débris lapidaires, le sieur Turle a trouvé encore une foule de fragments de tuiles et de poteries et des monnaies de bronze du Haut et du Bas-Empire. M. Jean en avait recueilli un bon nombre en 1853 et en 1854. En 1856, le sieur Turle a mis à découvert une espèce de voie pavée, large de 3 mètres et fortement cailloutée sur une épaisseur de 70 à 80 centimètres.

Alléché par ces découvertes, nous avons, en 1863, pratiqué des fouilles dans un enclos qui paraissait offrir tant de chances à l'archéologie. De nouveau, nous avons constaté, au sein de cette masure moderne, la présence d'un édifice antique qui paraît avoir été fort important. Son usage nous paraît encore indéterminé. Cependant nous ne serions pas surpris qu'il ait eu autrefois une destination religieuse. En tout cas il dut se composer de pilastres et de colonnes rangées, car nous en avons rencontré plusieurs tronçons dans les fouilles. Des frontons sculptés durent décorer ce monument disparu.

Outre les tuiles à rebords, les étuves et les poteries sans nombre qu'ont données ces fouilles, je dois signaler la présence de plus de soixante monnaies de bronze semées dans le sol. Il s'y trouvait des Posthume, des Valérien, des Septime Sévère ; mais la plupart étaient du Haut-Empire, notamment de Trajan.

Je ne dois pas omettre la découverte d'un hameçon en bronze bien conservé, semblable à ceux qui ont été extraits des villes romaines d'Etretat, de Braquemont et de Luneray. Mais la pièce la plus importante sortie de cette exploration est une romaine en bronze complète et bien conservée, avec ses poids, ses contrepoids et ses crochets. Cette pièce, entrée au Musée départemental de Rouen, est la plus belle de ce genre que la collection possède.

Quelque opinion que l'on puisse avoir sur ces débris, on ne saurait disconvenir qu'ils indiquent un monument important, appartenant aux temps encore prospères de la domination romaine dans nos contrées. C'est le plus remarquable édifice antique qui ait été aperçu dans la vallée de Dieppe. L'histoire d'Arques, si riche au moyen-âge, ne dépassait pas Charlemagne et Pépin. A présent elle étend ses origines jusqu'à l'époque romaine, et Archelles en devient la base.

Mais hâtons-nous de gagner le *Champ-de-Bataille.* C'est cette pointe de coteau nue et dépouillée qui sépare la vallée de la Béthune de la vallée de l'Eaulne. La forêt d'Arques, avec ses hêtres élevés et touffus, couronne ce tombeau de l'humanité. C'est ici, par un jour de brouillard, que marchant l'une contre l'autre, se heurtèrent deux armées, celle de la royauté et celle de la ligue. Le panache blanc de Henri IV s'y croisa un moment avec l'épée de Mayenne. Ce dernier céda le champ de bataille et le premier se retira à Dieppe, où il fut un instant assiégé.

A présent nous chercherions en vain le moindre terrassement qui nous parle de ce triste et glorieux fait d'armes. Le sol n'en dirait mot (1) sans la haute colonne de pierre chargée de rappeler aux siècles à venir le 21 septembre 1589. Voté et souscrit dès 1827, après un simulacre de la bataille, l'obélisque ne fut inauguré qu'en 1829 par la duchesse de Berry, l'hôte des Dieppois, qui ne l'ont point oubliée. Sur le socle on avait placé l'inscription suivante qu'une main inconnue détruisit en 1830, mais que M. le Préfet de la Seine-Inférieure a fait rétablir en 1862 :

(1) On montre pourtant au-dessus de la ferme une grande fosse où l'on prétend que Henri IV se fit apporter à déjeuner le matin de la bataille. Il y fit appeler, d'après Sully, tous ceux de qualité, les fit asseoir en rond, et l'on déjeuna de bon cœur.— Les *Mémoires* du duc d'Angoulême parlent aussi de vignobles depuis longtemps disparus.

Bataille d'Arques,
21 septembre
1589.
Erigée par souscription
ouverte
le 6 septembre 1827,
sur
le champ de bataille
d'Arques,
en présence
de S. A. R. Madame
Duchesse de Berry
et de S. A. R.
Mademoiselle.

Nous eussions désiré voir inscrits sur les côtés, et autour du grand nom de Henri IV, les noms [du] duc d'Angoulême, de Biron, de Montgommery, de Châtillon, de Caumont-la-Force, et de tous les héros de cette journée. Quant à ceux qui voudront connaître les détails du combat d'Arques, nous les renvoyons à l'excellente *Histoire du château d'Arques*, de notre ami, M. Deville.

Cette bataille fut longtemps connue chez les contemporains et les chroniqueurs sous le nom de *Saint-Etienne* ou de la *Maladerie*, et cela à cause de la maladerie de Saint-Etienne autour de laquelle elle fut livrée. De cette léproserie, fondée au xiiᵉ siècle, il ne reste plus que la chaumière que vous voyez. Ce vieil hôpital, supprimé au xviᵉ siècle, fut donné plus tard à l'hospice et aux Jésuites de Dieppe. Après la suppression de la compagnie, nous pensons qu'il redevint prieuré et qu'il fut, comme tant d'autres, anéanti par la Révolution de 89.

Avant de quitter le *Champ-de-Bataille* pour gagner Martin-Eglise, le camp des Ligueurs, nous vous engageons à jouir de l'admirable point de vue qui vous est offert. C'est une variante de la belle perspective du château ; mais le simple changement d'une colline à l'autre a donné au paysage une physionomie nouvelle. Nous regrettons de n'avoir pas le temps de dérouler sous vos yeux l'histoire de ce pays dont l'aspect est véritablement enchanteur. Une autre fois nous serons sans doute plus heureux.

Martin-Église et Étran.

Hâtons-nous de gagner la charmante vallée de l'Eaulne si fraîche à sa source et à son embouchure, s rude durant son cours. Ce modeste ruisseau, naguère presque inconnu dans le monde, nous a révélé sur ses bords tous les secrets ensevelis de la période mérovingienne. Depuis le château de Mortemer jusqu'à celui d'Arques, cette rivière ne coule qu'à travers des champs de repos dont les morts sont armés jusqu'aux dents. Nous la trouvons ici sous de vieux ponts bâtis par les chanoines de Rouen, et dont le péage leur appartenait avant la chute du monde féodal.

Cette terre de Martin-Église, dont le nom est tout mérovingien, fut donnée au chapitre de Notre-Dame de Rouen par l'archevêque Riculfé, en 875. A partir de ce moment jusqu'en 1789, les chanoines possédèrent la terre, l'église, le moulin, la dîme, le patronage, la justice et la seigneurie. De tout ceci il ne reste que l'église, monument bien modeste où vous trouverez quelques traces du XIIe siècle et quelques lambeaux du XVIe. Autour de cet oratoire des Francs on rencontre des vases, des colliers et des armes du temps de Charlemagne. Mais le plus beau titre de l'église à l'attention des étrangers, c'est la pierre tombale de Regnault Orel, en son vivant *curé de Limmes* (1) et *doien d'Envermeu*, décédé en 1466. Cette dalle, remarquable par ses sculptures et sa belle conservation, a beaucoup exercé la sagacité des archéologues du XVIIIe et du XIXe siècle. Voyageur, qui que vous soyez, qui visitez Martin-Église, ne manquez pas de saluer dans son presbytère M. l'abbé Malais, le spirituel et savant curé de cette paroisse forestière : vous ne regretterez point votre démarche.

(1) Nous supposons que *Limmes* est ici pour Braquemont.

De Martin-Église un chemin ouvert et vraiment enchanteur nous conduit à Etran, hameau verdoyant qui s'allonge sur la voie comme pour nous accompagner. A Étran il ne reste guère qu'une métairie et quelques chaumières. La vieille église romane, abandonnée à la Révolution, a été démolie en 1831. Dans ce temple sécularisé depuis un demi-siècle, nous avons pratiqué des fouilles archéologiques en 1859 et en 1860. Cette exploration n'a pas été sans résultat pour l'étude de la sépulture chrétienne du moyen-âge. Nous y avons découvert un grand nombre de sépultures qui nous ont révélé de précieuses particularités. Nous citerons entre autres dix-huit cercueils de pierre des XIe, XIIe et XIIIe siècles, placés au parvis de cette nef romane ; la présence de vases et de monnaies avec des sépultures en bois des XIIIe, XIVe et XVe siècles ; l'existence de la paille autour des morts et une orientation spéciale pour les ecclésiastiques au XVIe et au XVIIe siècle.

Nous y avons de plus découvert d'intéressants carrelages émaillés dont nous donnons à la page suivante deux échantillons.

Étran, dont l'origine remonte probablement à la civilisation romaine, avait jadis des salines possédées par les moines de Longueville jusqu'au XVIe siècle. La mer, nous l'avons dit souvent, remplissait autrefois toute cette vallée et elle formait ces ports d'Arques, d'Archelles, de Bouteilles, de Machonville et d'Étran dont parlent toutes les chartres du moyen-âge.

Carrelages émaillés d'Étran.

Au sortir d'Étran, Dieppe nous apparaît dans tout son développement et déjà nous touchons à son territoire. Pour vous ramener en ville deux chemins se présentent à nous. Le premier, planté d'arbres dans toute son étendue, côtoie une eau dormante que l'on nomme le Canal-Bourbon. C'est le point de départ d'un canal qui, en se dirigeant de la mer jusqu'à l'Oise, devait relier Dieppe avec Paris. Les chemins de fer ont fait abandonner pour toujours ce projet qui fut pendant un demi-siècle tout l'espoir de la ville. M. Lemoyne consacra à cette idée toute son existence. A présent, ce canal n'est plus que l'embarcadère des petits bateaux qui conduisent à Arques par la rivière.

Cette route, toutefois, vous ferait voir le parc aux huîtres, une de nos plus intéressantes industries que vous pourrez étudier pendant votre séjour. Cette exploitation existe à Dieppe depuis un bon nombre d'années. Elle prospérait déjà en 1826, époque où M. Hervieu-Duclos donna une grande extension au commerce des huîtres, par la réunion dans ses mains des parcs du Havre, de Dieppe et de Courseulles. Mais l'industrie de Dieppe a été puissamment agrandie, vers 1830, par M. Lamache, conseiller-général du département de la Manche. Ce grand propriétaire avait rendu l'établissement de Dieppe le plus important de France, après celui de Saint-Vaast-de-la-Hougue. Nous espérons bien que notre parc saura se maintenir à la hauteur où l'avaient placé des hommes aussi bienveillants que capables.

A cette heure l'exploitation se compose de douze parcs qui présentent un développement de 1,500 mètres de longueur. Ces douze bassins reçoivent annuellement 24 millions d'huîtres, représentant un capital qui varie de 300 à 500 mille francs. Les huîtres qui parquent ici viennent de Fécamp, de Saint-Valery-en-Caux et principalement de Granville et de la baie de Cancale. Dix bateaux font habituellement le service du transport, et cinquante personnes au moins font celui de la manipulation. Le parc de Dieppe expédie non seulement pour Rouen et pour Paris, mais encore pour Lyon, pour Marseille, pour toute la France. Une chose qui surprendra, c'est que nos huîtres pénètrent jusqu'en Suisse, en Italie, en Allemagne et même parfois jusqu'en Russie.

La seconde voie, que nous vous engageons à préférer, côtoie la Retenue, lac vaseux qui, pour être utile, n'offre rien de bien intéressant; mais en compensation elle vous fera voir les cavées de Bonne-Nouvelle toutes remplies d'antiquités romaines. C'est ici le berceau du Dieppe gallo-romain, et à ce titre il mérite l'attention du voyageur savant et curieux. Pendant vos jours de loisir, nous vous engageons à venir examiner les grandes tranchées formées par les éboulements des terrains supérieurs; vous y rencontrerez des tufs, des moëllons, des urnes, des tuiles à rebords, des poteries et des monnaies antiques. Vous y reconnaîtrez surtout des masses d'huîtres, de moules et de patelles, restes de pêcheries primitives. Ce quartier est toute une mine archéologique, et jamais nous n'y avons conduit un antiquaire sans qu'il en soit revenu plus heureux et plus instruit.

Ces tertres et ces jardins, tout semés de débris

antiques, étaient devenus au moyen-âge le siége de deux établissements religieux. L'un était une chapelle de saint Aubinet ou de Bonne-Nouvelle, à présent démolie jusqu'à la racine. L'autre un hospice de lépreux, connu sous le nom d'*hôpital de la cité de Jérusalem*. Ce nom pompeux lui vint de ce qu'il relevait de l'ordre des chevaliers de Saint-Jean-de-Jérusalem, qui y avaient construit une tour circulaire. A présent tour et chapelle, lépreux et chevaliers sont passés, et dans la mémoire des hommes il ne reste que les noms de *tour* et de *Jérusalem* que l'on ne comprend plus.

PROMENADE

A la Cité de Limes ou Camp de César, par le Pollet, la Bastille et Puys; retour par Braquemont et Neuville.

Cette fois, nous ne quittons plus la ville par la *porte de la Barre*, mais nous ne pouvons ajouter que nous la quittons par la *porte du Pont*, l'unique ouverture qui conduisait autrefois du côté de l'est et du nord. Cette porte, jadis fortifiée et tout en pierres de taille, tombait en ruine dès le siècle dernier. Du moins, elle apparaît entièrement ruineuse sur la belle *Vue du port de Dieppe*, dessinée par Vernet, en 1765. Toutefois, elle n'a été complètement démolie que de nos jours (vers 1830), et tous nos concitoyens qui ont plus d'un demi-siècle en ont pu contempler les majestueux débris.

Cette porte, qui pouvait bien dater du xvie siècle comme le pont qu'elle défendait, était placée sur le *quai Duquesne*, au bout du *Marché-aux-Veaux*. Une petite ruelle, nommée encore la *rue du Pont*, est tout le souvenir qui reste de ce monument disparu.

Ce pont conduisait au Pollet à travers une île jadis fortifiée, puisqu'une des rues voisines porte encore le nom de *Bel*, dernière trace d'une ancienne tour ou beffroi. (1) Elle aboutissait à la *Grande-Rue du Pollet*, qui à présent ne mène plus à rien. Entre la chute de l'ancien pont, frappé de mort par les projets de 1788 et exécuté vers 1830, et l'ouverture du pont actuel, effectué en 1845, une passerelle en bois jetée sur l'arrière-port fit longtemps le service de communication entre les deux rives, nous dirons presque entre les deux peuples ; car, bien que séparés par un bras d'eau en apparence insignifiant, Dieppe et le Pollet représentent deux civilisations parfaitement distinctes.

Du reste, nous n'avons pas besoin de vous en avertir : quand une fois vous aurez franchi l'îlot de terre placé entre le *Bassin neuf* et *l'Ecluse de chasse* de la *Retenue*, vous sentirez très bien vous-même que vous êtes dans un autre pays et que vous respirez un autre air. Ici les maisons sont en bois, basses, petites, sombres et écrasées ; les rues sont tortueuses et sales ; l'horizon est borné ; la circulation est gênée et l'air est étouffé. Les

(1) Sur un plan de Dieppe de 1700 ou environ, déposé au greffe du tribunal, on voit une *rue de la Porte du Bêle*, venant aboutir au bout du pont. Elle a été supprimée par la *Retenue :* la rue actuelle est récemment nommée.

gens que l'on rencontre sont grossièrement vêtus et ont une allure maritime qui contraste fortement avec le ton bourgeois de la rive opposée. De ce côté ce ne sont plus des boutiques, mais des échoppes ; au lieu de cafés, ce sont des cabarets, et les hôtels parisiens sont remplacés par des auberges de campagne.

Au Pollet, on peut dire que nous ne sommes ni en France ni au XIXe siècle ; ou plutôt nous sommes encore dans la France du moyen-âge et presque dans la France de la Cour-des-Miracles. La *place Bourdin*, la *rue aux Pourceaux* et la *rue Quiquengrogne*, vous donneront, par leur physionomie autant que par leur nom, une idée de nos villes d'autrefois ; c'est un *Bohême* plutôt qu'une *Cité*.

Comme la mer fait la vie des Polletais, presque toutes les maisons portent les marques de la profession. Partout ce sont des mannes, des cordes et des filets. De chaque fenêtre jaillissent des bras de fer destinés à soutenir des perches où l'on fait sécher ces bienheureux filets, fortune et vie de ces pauvres gens, plus souvent sur mer que sur terre. La barque de pêche est la véritable maison du Polletais, et sa vie entière se passe sur les eaux. Le quai est l'atelier comme le salon des femmes. Cette population grouille et remue sans cesse sur la plage comme dans les rues.

Le Polletais est un vrai loup de mer. Dans sa vie, dans ses mœurs, dans ses idées il se ressent du dur élément et des rochers au milieu desquels s'écoule son existence.

Du reste, le Polletais est religieux et croyant, et c'est là, après la vie de famille, ce qui le rattache le plus à la civilisation. L'église et le calvaire sont les deux pôles de son existence laborieuse et agitée. Le foyer lui-même est placé sous la protection de la religion, et vous remarquerez sur plusieurs maisons des images de la Vierge et des saints et jusqu'aux Sacrés-Cœurs de Jésus et de Marie.

Cette tendance religieuse du Pollet ne date pas d'hier; elle est aussi vieille que le faubourg lui-même qui, dit-on, doit son origine à un vœu fait en mer par un capitaine anglo-normand. Quand nous parlons de l'origine chrétienne du Pollet, nous voulons dire la chapelle de Notre-Dame-des-Grèves qui fut longtemps le seul édifice religieux de ce quartier. L'origine du Pollet, comme port de pêche, se perd dans la nuit des temps. Les racines de cette pêcherie se retrouvent et se voient dans les maisons romaines de Bonne-Nouvelle encore semées d'hameçons, de coquillages et d'arêtes de poisson. Mais la chapelle des Grèves, abandonnée, en 1849, et complètement démolie, en 1858, paraît devoir sa naissance à un vœu maritime. On pense que cet événement eut lieu du xi⁰ au xii⁰ siècle, à l'époque où les Normands de Guillaume gouvernaient à l'aide du fer les Saxons de l'Angleterre.

Ce que nous pouvons assurer, c'est que la dernière chapelle que nous avons vu détruire ne semblait dater que du xvi⁰ siècle, avec de nombreux remaniements du xviii⁰. Cependant, au moment de la destruction totale de ce prosaïque mais touchant édifice, nous avons reconnu les traces d'une splendide construction du xiv⁰ siècle. La première chapelle, bâtie avec quelque magnificence, aurait été élevée vers 1300. Les fenêtres et les colonnettes de pierre, encore noyées dans les murs, l'attestaient suffisamment. Du reste, c'était le temps de l'élévation de Notre-Dame-de-Salut sur la côte de Fécamp, et probablement de Notre-Dame-de-la-Délivrande sur les sables de la Basse-Normandie.

Ce qui est bien certain, c'est qu'à la fin du xii⁰ siècle la chapelle n'existait pas encore. Dans un acte, qui remonte à 1200 ou environ, Guillaume Lemareschal comte de Pembrock, de Glocester et de Longueville, donna une rente à la chapelle du Pollet quand elle serait bâtie. Ce comte de Longueville était un des plus grands capitaines de l'Angleterre au temps de la domination normande.

Pour sortir du Pollet, où nous flânons depuis un instant, et pour gagner la plaine qui conduit au Camp de César, il nous faut monter la côte qui abrite Dieppe du côté du nord-est. Pour la gravir, deux chemins se présentent à nous : le premier, qui est celui du petit nombre et qui représente assez bien celui du Ciel, n'est qu'un sentier étroit et escarpé qui conduit en zigzag sur le terre-plein où fut assise la Bastille de Talbot.

Une partie du vieux fort est déjà tombée à la mer, et dans les flancs de la falaise on peut reconnaître des pans de mur et des caves souterraines qui pourraient bien en être les derniers vestiges. Tout porte à croire que cette forteresse anglaise fut murée. Cependant, il me semble que les chroniqueurs dieppois disent qu'elle était en bois, et la vieille gravure insérée par Montfaucon, dans ses *Monumens de la Monarchie françoise*, ne montre guère que des pieux et des palissades. Nous croyons même qu'au moyen-âge le nom si prodigué de *Bastide* et de *Bastille* était surtout affecté à des fortifications en bois.

Ce fut assurément pour ce pays une des plus mémorables journées de son histoire que le 14 août 1442, jour où le Dauphin, fils de Charles VII et depuis Louis XI, dompta sur ce rocher l'Achille de l'Angleterre et le força de quitter pour toujours les forts du Pollet, anglais depuis un quart de siècle. Dès 1435, Dieppe avait secoué le joug de l'étranger ; mais Arques et le Pollet, restés boulevards anglais sous la vaillante épée du duc de Sommerset, bridaient ce noble pays de Caux où avait sonné de bonne heure le tocsin de la rebellion.

Sur le verdoyant tapis de verdure qui recouvre à présent ce champ de bataille et de mort, qui se douterait des luttes acharnées qui autrefois ensanglantèrent ces lieux. L'herbe, hélas ! si humble et si modeste de sa nature, est pourtant le plus puissant élément de triomphe que le temps se soit ménagé sur les œuvres de l'homme.

De tous ces forts du Pollet si célèbres dans l'histoire de Dieppe, il ne reste plus que des souvenirs fixés dans les noms de *Bastille*, de *rue Guerrier*, de *rue du Ravelin*, de *rue du Petit-Fort* et de *rue Quiquengrogne* (1).

Mais il est pour vous un autre chemin plus aisé que le sentier rocailleux de la Bastille : nous voulons

(1) A propos de ce mot de *Quiquengrogne*, on cite l'anecdote suivante : Anne, duchesse de Bretagne, avait eu des démêlés avec l'évêque de Saint-Malo, lorsqu'elle fit construire malgré lui la citadelle de Saint-Malo, sur le modèle de son carrosse; elle fit écrire sur la porte : « Quiquengrogne, c'est mon plaisir. »
Duchatelier, *Revue des Soc. sav.*, t. IV, p. 480.

parler de la profonde cavée qui s'appelle aujourd'hui la *rue de la Cité de Limes.* Il est évident que c'est la voie ancienne qui, dans les siècles passés, conduisait vers cette vaste enceinte les générations disparues.

C'était la route du nord et des rivages de la mer : peut-être même devint-elle l'antique voie romaine qui, par les villages maritimes, conduisait à Eu (l'*Augusta* des anciens). Sa trace est marquée par cette longue file de hameaux qui se sont groupés sur son passage. Ces villages, qui sont comme autant de stations, renferment tous les marques d'une haute origine. A présent, ils demeurent isolés depuis que la nouvelle route les a dédaignés en 1775.

Nos pères du dernier siècle cherchaient le désert pour leurs routes royales, tandis que nos aïeux aimaient à cheminer au milieu des populations qu'ils desservaient. Peut-être aussi les habitations se sont-elles groupées plus tard sur ces grandes lignes commerciales ou stratégiques, comme dans quelques siècles les populations se déplaceront sans doute afin de se rapprocher des voies de communication que notre époque sait construire.

Nous voici enfin sur la plaine ; nous avons laissé à notre droite le nouveau cimetière du Pollet, créé vers

1838, lors de l'érection en succursale de cette antique section de Neuville. A notre gauche, au contraire, nous quittons l'ancien hôpital-général de Dieppe, créé en 1668, délaissé depuis 1803, et où il ne reste plus que les loges des fous, les murs des jardins et le fameux poirier de cueillette deux fois séculaire. Le point de vue dont nous jouissons sur le plateau est vraiment ravissant ; il nous aide à faire une route dont le but nous apparaît dans ces gigantesques remparts de terre qui couronnent la crête du vallon de Puys.

A présent, nous sommes sur un plateau délicieux, tout couvert de jardins et de moissons. Nous cheminons en vue de la mer, au milieu de champs de blés verts, émaillés de trèfles rouges et de colzas jaunissants. C'est l'échiquier de notre Normandie agricole, le fruit de son heureux sol et de l'industrie de ses habitants. De quelque côté que vous portiez vos regards, vous reconnaissez partout l'intime alliance de la main de Dieu et du travail de l'homme. C'est la main du maître de la nature qui a découpé cette baie au fond de laquelle se baigne la ville de Dieppe, et qui l'a encaissée dans deux promontoires de craie blanche qui s'allongent au nord et à l'ouest comme deux jetées protectrices. C'est elle encore qui a creusé ces vallons et élevé ces collines, et qui a jeté sur le tout un manteau de verdure qui se rajeunit sans cesse.

A présent, passons au travail de l'homme. C'est lui qui a assis, à l'aide de dix-huit siècles peut-être, cette ville de Dieppe qui remplit la vallée, qui eut ses jours de joie et ses jours de douleur, qui éleva pour la prière les tours de ses églises, et pour sa défense la masse imposante de son vieux château. C'est la main des Gaulois qui construisit ce câtelier de Varengeville qui se dresse à l'occident de nos falaises, tandis qu'au septentrion elle soulevait ces gigantesques remparts vers lesquels nous cheminons. Des bras chrétiens ont semé çà et là dans le paysage les églises de Hautot, de Varengeville, de Neuville, de Braquemont et de Berneval, qui décorent et sanctifient nos campagnes.

Enfin, c'est le génie des derniers temps qui, en creusant ces bassins et en plantant sur le sol ces clochers de l'industrie, a su placer au sommet des roches d'Ailly ce phare protecteur de la navigation. Chaque siècle, chaque peuple, est venu travailler cette terre et y a déposé, avec le fruit de ses peines, un monument de son passage.

Mais nous voici au haut de l'austère vallon de Puys qui se déploie dans toute son étendue. On dirait un fossé creusé pour défendre la vieille cité gauloise qui nous apparaît plus imposante que jamais. L'imagination s'effraie à la vue de ce triple rang de remparts et de ces hauts terrassements que la main du temps n'a pu combler ni abattre. L'âme est fortement émue et agréablement occupée par ce gigantesque travail de l'homme et cette belle série de falaises blanches, l'œuvre de Dieu.

En descendant au fond du vallon par le chemin du douanier qui garde ces côtes, je vous engage à admirer l'industrie des pauvres habitants de Puys, si avides de culture qu'ils ont défriché jusqu'aux arides flancs du *Camp de César*. Le vallon tout entier n'est qu'un grand jardin entremêlé de haies, de plates-bandes et de chaumières. Si vous pénétrez dans la modeste demeure de ces jardiniers qui nourrissent Dieppe, vous remarquerez des caves qu'ils appellent *goves*, et qui ne sont autres que des grottes taillées dans le roc. Ces petites cavernes où les habitants passent souvent les soirées d'hiver, vous rappelleront tout à la fois l'étable de Bethléem et les *silos* des Gaulois.

Ce qui manque à Puys, c'est une église ou une chapelle, non seulement pour le service religieux de cette population isolée, mais encore pour donner au pays une physionomie plus chrétienne. Il y en eut une autrefois, et c'est la Révolution qui l'a supprimée. Elle était dédiée à saint Barthélemy et n'a été complètement démolie qu'en 1853. La dernière construction devait dater au moins du xvi⁰ siècle, car nous y avons recueilli des carreaux émaillés de cette époque. Mais nous savons, par les archives du prieuré de Longueville, qu'elle existait dès le xiii⁰ siècle. Une charte de 1286 nous montre le *Chemin du Roi* passant devant l'attre ou parvis du moutier de Saint-Barthélemy de Puys.

Depuis quelques années, Puys paraît appelé à une vie nouvelle et presque à un brillant avenir. En 1856, le secouriste Lefebvre, décoré pour ses nombreux sauvetages, a fondé sur cette plage déserte une succursale des bains de Dieppe. Secondé par quelques personnes bienveillantes, il a installé sur cette grève solitaire un casino, des tentes, un restaurant et un jardin. Au pied d'un Camp-de-César et d'une cité gallo-belge, on voit à présent se dresser, sous la forme d'un châlet suisse, un hôtel garni dans le goût le plus moderne.

Puys, comme toutes nos vallées littorales, n'offrait naguère au regard du voyageur qu'un ruineux corps-de-garde où s'abritait le douanier, triste gardien de ces sombres rivages. Mais ici, comme ailleurs, l'industrie transformera le littoral, aidée par cette mode des bains de mer qui envahit nos côtes de son flot bienfaisant. A l'heure qu'il est, il n'est pas de gorge isolée où vous ne voyiez se dresser des tentes et s'ébattre des baigneurs. Nous ne parlons pas du Havre, de Dieppe, du Tréport, d'Etretat, de Fécamp, de Saint-Valery, centres animés et vivants, où brillent des établissements confortables et fréquentés. Mais aujourd'hui chacun de nos moindres vallons maritimes s'ingénie et s'agite pour attirer à lui le baigneur rouennais ou parisien. Sans parler de Veules et d'Yport, on peut dire que Veulettes, aux bouches sauvages de la Durdent, est déjà fort recherché. Pourville, Puys et Bruneval reçoivent le trop plein de Dieppe et d'Etretat. Il n'est pas jusqu'aux vallons des Grandes et des Petites-Dalles qui n'aient fait leurs réclames et lancé leurs prospectus. Sous peu vous verrez des baigneurs aux bouches du Dun, de la Saâne et de l'Yère, et il sera littéralement vrai de dire qu'il n'est, en Normandie, gorge si reculée qui ne reçoive malades et baigneurs.

Ce goût, ce besoin, disons mieux, cette fièvre des bains de mer est moderne assurément, et pour notre compte, nous l'avons vue naître au Havre en 1836, au Tréport vers 1840, à Etretat en 1842, à Saint-Valery vers 1846, à Fécamp vers 1850. Cependant à Dieppe on a toujours baigné, au moins depuis deux siècles, et nous avons sur ce point des preuves historiques incontestables.

Au XVIIIe siècle, nous avons une grande dame de la cour, disons mieux une princesse du sang royal. « Le

12 novembre 1728, dit un chroniqueur dieppois, la princesse de Conty vint à Dieppe afin de se faire baigner pour la morsure d'un chien, et en partit le 14 suivant (1). »

Tout le monde connaît la lettre de Mme de Sévigné, racontant, en mars 1671, que Mmes de Ludre, de Coëtlogon, de Rouvroi, prenaient à Dieppe des bains de mer contre la rage. L'anecdote du chien de Henri IV, envoyé à Dieppe, en 1603, et qui fit la fortune du poète de Sigogne, a été indiquée par nous à l'historien des bains de Dieppe, qui l'a consignée dans son livre.

Mais dans la crainte que vous n'ayez pas sous la main l'ouvrage de M. Feret (2), nous allons vous la raconter de nouveau.

« Le poëte de Sigogne était fils du célèbre gouverneur de ce nom, mort à Dieppe en 1582. Ce jeune homme, duelliste et assez mauvais sujet, avait surpris dans la cassette de la marquise de Verneuil certains billets de Henri IV dont il abusa. Disgracié pour ce fait, il fut envoyé en exil à Dieppe, où il passa plusieurs années, et où il serait mort dans la misère sans une heureuse

(1) *Hist. abrég. et chronol. de la ville. château et citadelle de Dieppe et du fort du Pollet* etc., p. 299.
(2) Feret, *Hist. des bains de Dieppe*, p. 160.

circonstance « qu'il n'attendoit pas. » Ce fut, dit un chroniqueur du temps, que Fanor qui est un très beau petit chien qui est fort aymé du roy, fut houspillé par un grand chien, et le monde ayant peur qu'il n'y eust de la rage, on l'envoya, par un garçon de la chambre, à Dieppe, pour estre mouillé dans la mer; (1) auquel chien le dict sieur Sigogne fit de magnifiques festins tant qu'il y fut, ce que Sa Majesté trouva très bon, et disoit souvent depuis : « qui m'ayme, ayme mon chien, » et il donna à de Sigogne le gouvernement de Dieppe vacquant par la mort du feu sieur commandeur de Chattes (2). »

Mais il est un document encore inédit qui démontre que Dieppe, au milieu du XVIIe siècle, avait déjà orga-

---

(1) Cette coutume de baigner les chiens pour les guérir ou plutôt pour les préserver de la rage date de loin, car M. d'Estaintot la signale dans son histoire de la maison d'Estouteville. On lit, en effet, dans un aveu de la châtellenie des Loges, conservé aux archives du château de Valmont, que « le 20e jour d'apvril (1481) par le commandement de Grant-Jehan fut baillé à Guillaume David 6 sous 2 deniers pour mener levriers et chiens courants de mondit seigneur pour baigner à la mer, et il fut paié pour une messe de Saint-Hubert 2 sous 6 deniers. »

(2) *Bulletin des Comités historiques*, t. II, p. 523.

nisé un service de bains desservi par des baigneurs-jurés. Nous trouvons ce précieux renseignement dans une lettre de M. Petit-Jean, intendant de l'archevêque de Rouen, écrite par lui à M. de Harlay et datée de Dieppe du 13 novembre 1644.

« Il y a, disait l'agent du fisc épiscopal, quatre hommes en cette ville qui sont pourveus des offices de bagneurs et ont la charge de bagner dans la mer les personnes morduos de chiens enragez, ce qui est arrivé souvent depuis un mois, car on vient icy de Paris et de plus loing pour pouvoir estre bagné dans les neuf jours. On m'a dit que lesdits offices sont royaux et que les dits bagneurs font serment en l'admirauté (1). »

Ainsi autrefois c'étaient les bains de mer de la rage, à présent c'est la rage des bains de mer.

Après cette digression, que tout baigneur nous pardonnera aisément, nous gravissons la côte par un sentier à pic et zigzagué. Cette ascension est dure ; mais que le lecteur veuille bien se souvenir qu'il s'agit de prendre d'assaut un *oppidum* gaulois, et il trouvera qu'il

(1) Comme l'archevêque de Rouen était seigneur et comte de Dieppe, cette lettre était un rapport entièrement fiscal. Aussi M. de Harlay écrivit-il en marge et de sa propre main : « Tout cela doit estre de moy ; je n'ay point de compagnon dans Dieppe. » — Arch. départ. de la Seine-Inf., fonds de l'archev. A. 1, c. 8.

en est quitte à bon marché. Les légions de César n'y montaient pas avec autant de facilité.

On pénètre dans la Cité-de-Limes par trois portes, dont une communique à la plaine et les deux autres à la vallée. Il est probable que ces ouvertures sont aussi anciennes que le camp lui-même. Deux d'entre elles livraient passage à la vieille route militaire qui allait de Dieppe à Eu par les villages du littoral. C'est ainsi que l'abbé de Fontenu les désigne dans le plan qu'il a mis sous les yeux de l'Académie en 1731.

Nous considérons l'antique chemin de Dieppe à Eu comme un tronçon de la voie romaine qui conduisait de *Juliobona* (Lillebonne) à *Gesoriacum* (Boulogne), que nous retrace la Table Théodosienne.

Cette enceinte de Limes, qui ne contient pas moins de 55 hectares, dut être beaucoup plus vaste autrefois. Une partie est tombée à la mer avec les falaises, et il serait facile d'apprécier ce que vingt siècles ont pu détruire, car l'ingénieur Lamblardie a fait le budget de l'Océan sur les côtes de la Normandie. Une gorge étroite, renfermée dans cette enceinte fortifiée, dut autrefois descendre jusqu'à la mer.

Du côté de la terre, le camp est entouré dans tout son pourtour par un fossé élevé, accompagné d'une douve profonde. Parfois la douve règne des deux côtés du

CITÉ-DE-LIMES OU CAMP-DE-CÉSAR,
A Braquemont, près Dieppe.

rempart, ce qui étonnait fort les savants du dernier siècle. Le rejet de terre s'élève encore en certains endroits jusqu'à plus de quinze mètres de hauteur. Mais nous devons ajouter que du côté de la plaine les terrassements sont beaucoup plus élevés que vers la vallée. Sur la crête qui domine Puys, le rempart semble avoir été triple en certains endroits. Du reste, le système de fortification est ici le même qu'au camp du Canada, près Fécamp, et qu'à celui de Sandouville, près Lillebonne. Ces deux dernières enceintes sont aussi décorées du nom de César.

Nous avons le plaisir de reproduire ici une vue abrégée et à vol d'oiseau de la vieille enceinte celtique.

Nous ne saurions dire à quelle époque remonte cette dénomination de *Camp-de-César*, donnée à ces grandes enceintes fortifiées qui bordent la Seine, la Somme et l'Océan. Jusqu'à présent, nous n'en connaissons pas trace au moyen-âge, et les documents les plus anciens qui nous soient parvenus sur ce sujet ne sont guère que des cartes géographiques des trois derniers siècles.

On assure qu'un historien du moyen-âge aurait écrit quelque part qu'avec les débris de la Cité de Limes on aurait bâti la ville de Dieppe, *ex ruinis Lymarum civi-*

talis condita est Deppa. Mais cette assertion hasardée, que nous n'avons pu vérifier, ressemble beaucoup à la tradition cauchoise consignée par Ordéric Vital, qui veut que des ruines de la cité Calète, capitale des peuples *Caleti*, César ait bâti la colonie romaine de *Juliobona*.

Ce qui est certain, c'est que l'historien Mathieu Paris qui écrivait vers 1300, mentionne un château de Limes « Castellum de Limis, » assiégé par Philippe-Auguste en 1203. Ce château, placé dans le voisinage de celui d'Eu, ne saurait être autre chose que notre camp.

Nous retrouvons encore le nom de *Limmes* dans l'inscription tumulaire de Regnault Orel, doïen d'Envermeu, décédé en 1466. Cette dalle curieuse, l'objet de bien des dissertations historiques, est à présent encastrée dans la nef de Martin-Eglise, où elle servit longtemps de pierre d'autel. Nous croyons que cette pierre a dû recouvrir la dépouille mortelle de quelque ancien titulaire de Braquemont dont le nom, pour le peuple, se confondait alors avec celui de la vieille cité que possédait ce village.

Quoi qu'il en soit de cette conjecture, c'est vers 1613 que le nom de *Camp-des-Romains* nous apparaît uni à celui de *Cité-de-Limes* dans les cartes de Tassin, l'un des pères de notre géographie nationale. Ranchin et

Davity, qui appartiennent à la même époque, le suivent assez servilement. Cependant, l'un d'eux s'avance jusqu'à dire que « derrière les forts du Pollet et de Châtillon est Lyme, ville ancienne dont il ne reste rien aujourd'hui. »

Lorsque Louis XIII et sa cour visitèrent Limes en 1617, ils attribuèrent cette enceinte à l'un des Césars qui avaient dominé dans les Gaules. Mais l'autorité des princes de la terre, sacrée dans le domaine des lois, s'arrête au seuil de la science. Toutefois, il est bon de constater ici la trace d'une tradition qui commençait à se faire jour.

M. Defer, géographe de 1690, avait écrit *Cité d'Olyme* sur sa *Carte des côtes de Normandie* ; mais Frémont, qui était de Dieppe, porte sur sa belle *Carte du diocèse de Rouen*, éditée en 1715, *le Catel ou Camp-de-César*. Toutefois, la même carte, revue par Dezauche, en 1785, revient à *la Cité-de-Lime*.

L'abbé de Fontenu, dans les deux dissertations qu'il lut à l'Académie des Inscriptions et Belles-Lettres, en 1731 et 1732, se montre fort embarrassé pour le nom de ce camp, qu'il appelle aussi *Camp-de-César*. Le rédacteur du *Dictionnaire de Trévoux*, avait éprouvé moins d'incertitude quand il avait déclaré nettement que « les savants du pays regardaient cette antique enceinte comme un camp de Jules César. » En général, les chroniqueurs dieppois, les géographes et les topographes se partagent assez habituellement entre la *Cité-de-Limes* et le *Camp-de-César*. La science et la critique voudraient écarter le nom de César, afin qu'il ne restât plus que le nom de la cité gauloise (1).

Plusieurs savants ont cherché l'origine et la raison de cette enceinte fortifiée, militaire assurément. Parmi ceux qui s'en sont occupés spécialement, nous citerons, au siècle dernier, l'abbé de Fontenu, et, dans le nôtre, MM. Feret, Vitet, Falluo et Jean Reynaud. Parmi ceux de notre âge, M. Feret a la priorité sur une matière qu'il a étudiée à fond et plus longtemps; les autres ne sont venus qu'après lui et ont profité de ses travaux. Lui seul, d'ailleurs, a porté la question sur son vrai terrain, en substituant les fouilles et l'étude du sol à la lecture de chroniques et de dissertations impuissantes.

En 1825 et pendant les deux années qui suivirent, M. Feret, encouragé par le puissant patronage de la

(1) Ce nom de Camp-de-César, qui est universel en France, est également général en Angleterre. — « Cæsar's Camp on Wimbledon-Common. » — « Cæsar's Camp at Kingston-Hill. » — Cæsar's Camp at Coombe-Wood. » — *Proceedings of the Society of Antiquaries of London*, vol, v, p. 82, 83, 85.

duchesse de Berry, secondé par le concours de la Société archéologique de Dieppe, entreprit de fouiller plusieurs points de la vieille enceinte. Trois surtout paraissent avoir fixé son attention : les tertres qui règnent en forme de chaîne sur la surface du camp et qu'il appelle des *tumuli*, les cavités cachées dans le creux du vallum intérieur et qu'il désigne sous le nom de *tuguria*; enfin la portion voisine de la falaise, qui porte le nom de Câtel et de Câtelier, et où il découvrit un petit monument romain.

Les tertres de gazon que M. Feret regarde comme des tombels primitifs, et qui rappellent, en effet, les sépultures des Germains de Tacite, contenaient dans leur sein des charbons de bois, des débris de vases gaulois, des tuiles, des anneaux de cuivre, des restes de fer, des coquillages et surtout des ossements d'animaux.

M. de Blainville, consulté sur ces os exhumés par la pioche des travailleurs, les reconnut pour des restes de chevreuils, de renards, de chiens, de bœufs, de moutons et de sangliers.

La poterie que nous avons vue et dont un bel échantillon existe à la bibliothèque de Dieppe, est de cette pâte noire et brune qui caractérise partout la céramique primitive. Nous reproduisons ici ce vase curieux qui, par la terre et la forme, rappelle les poteries antiques du Vauvray, de Cocherel et du Vaudreuil (Eure), de Fontenay-le-Marmion (Calvados), de Port-le-Grand (Somme), de Bouelles et de Moulineaux (Seine-Inférieure).

Vase gaulois de la Cité-de-Limes.

M. Feret croit que ces tertres un peu informes, et qui ressemblent à un fossé découpé, constituaient autrefois le cimetière des premiers Celtes, habitants de la Gaule-Belgique. Cette attribution demanderait peut-être une démonstration plus complète et mieux établie.

Pendant les années 1826 et 1827, M. Feret rechercha et crut trouver dans les fossés intérieurs les habitations et les demeures de ceux qu'il présumait inhumés dans les tombels. Plusieurs *tuguria* furent fouillés, et leur enceinte fut rétablie au moyen de l'étude. Les maisons des anciens Gaulois étaient généralement circulaires, construites en pierre sèche et légèrement enfoncées dans le sol. M. Feret estime que celles de la Cité-de-Limes, plus oblongues qu'on ne le croit communément, étaient fabriquées avec du bois, de la craie, des pierres sèches et de la bauge. Les murs de bauge et les constructions en bois ont traversé dans les Gaules l'ère des Romains et le moyen-âge pour arriver jusqu'à nous. Ce mode de bâtir subsiste encore dans nos campagnes.

Nous présumons que c'est de la fouille des *tuguria* que proviennent les sept haches de silex que conserve la bibliothèque de Dieppe. Ces pièces, trouvées à différents états de formation, ont fait supposer à M. Féret qu'il y avait eu à Limes une fabrique de ces ustensiles primitifs. Cette hypothèse, qui s'est renouvelée au camp de Catenoy, près Clermont (Oise), n'a rien que de plausible.

La dernière découverte de M. Feret dans la Cité-de-Limes est un petit édifice romain ayant la forme d'un carré long, et ressemblant assez à un temple ou à une *cella* antique. On dirait une grange ou un corps-de-garde d'aujourd'hui. Etait-ce là un poste militaire établi sur ces rochers au déclin de l'empire romain, afin d'observer les côtes infestées par les barbares? Nous serions assez disposé à le croire. Ce triége, qui dans les titres est appelé le *Câtel* ou le *Câtelier*, a été trouvé rempli de débris antiques tombant à la mer et qui déjà auront disparu dans les siècles passés.

Ce qui nous a suggéré pour cet édifice l'idée d'un temple ou d'un tombeau, c'est qu'au milieu des débris qui remplissaient l'enceinte ravagée, M. Feret a trouvé des têtes éparses et un squelette entier, posé encore comme l'avait été le défunt lui-même. Son attitude était telle qu'elle n'avait pu lui être donnée que par des mains religieuses. La tête était à l'occident, les pieds à l'orient, les bras joints sur la poitrine. Deux médailles furent trouvées sur le squelette, l'une vers la cuisse, l'autre, près de la tête, semblait être tombée de la bouche. La première était de Constantin-le-Jeune (340), la seconde de Flavius Constans (350). Dans l'édifice et autour on a trouvé une suite de 72 monnaies romaines, allant depuis Auguste jusqu'à Flavius Valens (378). Chose plus étrange encore, on a recueilli également 24 monnaies gauloises en bronze, dont une présente un coq et l'autre l'aigle de la cité de Lexovii (Lisieux).

Près du Romain du bas-empire dont nous venons de parler, on a rencontré, à plus d'un mètre au-dessous des fondations, un casque en bronze qui pouvait bien se rattacher à sa dépouille mortelle. Non loin de lui se trouvaient cinq passoires en bronze, provenant peut-être de l'équipement d'un soldat en campagne.

M. Forel pense que ce cadavre pourrait bien être celui d'un officier de la milice impériale au temps de Gratien (382), le dernier empereur dont on trouve la monnaie de bronze dans nos contrées.

A présent, quelles conclusions faut-il tirer des découvertes archéologiques et de l'étude des monuments scientifiques? Nous n'hésiterons pas à dire, qu'à nos yeux, cette enceinte est celtique et qu'elle appartient aux premières populations qui habitèrent nos contrées. C'est le plus vieux jalon de la civilisation primitive. C'est le monument le plus parlant que nous aient laissé ceux qui, les premiers, occupèrent nos contrées. Ce monument est si vieux, que la cendre même des bras qui l'ont élevé a péri, et que le sol n'a gardé d'eux que des rudiments grossiers et inintelligibles. La destruction s'est tellement appesantie sur ces hommes, que la trace même de leur passage a disparu. Le temps a rongé jusqu'à leur mémoire, et l'herbe cache les quelques grains de poussière qu'ils ont légués à la terre.

Cependant, ces gigantesques fossés, comme ceux de Veulettes, du Canada et de Sandouville, proclament encore la force des bras antiques à une époque où cette grande terre des Gaules était partagée en plus de 300 républiques ou cités indépendantes. Quand les hommes luttaient sans cesse les uns contre les autres, cette vaste enceinte devint le refuge des peuples qui occupaient notre pays depuis la Bresle jusqu'à la Dieppe. Ces peuples, pasteurs de l'Orient, de l'Egypte ou de l'Algérie, se retiraient là avec leurs familles et leurs troupeaux et s'y défendaient contre l'ennemi commun. Cet ennemi, c'étaient les rivalités de peuples à peuples, de cités à cités; c'étaient surtout ces grandes migrations de Gaëls, de Kymris, de Bretons et de tous ces peuples ambulants qui parcouraient le monde avant de s'y fixer à l'aide de la civilisation.

Quelle que soit l'opinion que l'on se forme de la Cité-de-Limes, nous défions tout homme qui possède une intelligence cultivée de la contempler froidement et sans émotion. En se voyant ainsi sur les débris d'un monde qui se perd dans la nuit mystérieuse des âges, il ne pourra s'empêcher de songer à la puissance de l'homme qui élève ces gigantesques remparts, et au néant de l'humanité en face de ce colosse qu'on appelle le temps, qui broie sur son passage les peuples et les rois.

« Quiconque, dit M. Vitet, verra cette immense circonvallation, ne pourra se défendre d'une impression profonde : paysan, bourgeois, savant, chacun admire, chacun s'étonne à sa manière; aussi de tout temps ce lieu a-t-il été visité par des curieux ; de tout temps a-t-on essayé d'en expliquer l'origine et la destination (1). »

Après la chute des Gaules indépendantes, lorsque la civilisation romaine se fut assimilé la terre où nous sommes et que toute nationalité y eut fait silence, l'enceinte de Limes fut à peu près abandonnée. A la vie nomade des peuples pasteurs, nos pères avaient substitué l'existence fixe des nations civilisées. Seulement, au déclin de l'Empire, lorsque d'innombrables invasions de barbares se ruèrent sur nos côtes maritimes, un poste romain fut établi dans cette antique station militaire. C'est ce dernier vestige qui est arrivé jusqu'à nous dans les ruines et dans le tombeau du *Câtel*.

Voilà ce que l'étude et la comparaison nous apprennent de la Cité-de-Limes. Quant au peuple qui reste étranger aux spéculations comme aux découvertes de la science, il fait de cette antique enceinte l'œuvre des fées, ces êtres mystérieux que l'on n'explique pas. Les paysans d'alentour montrent sur le vert gazon les danses

(1) Vitet, *Hist. de Dieppe*, p. 371, édit. 1844.

rondes qu'elles y menaient la nuit, au clair de la lune, comme dans les plaines de Carnac (Morbihan). Elles-mêmes avaient préparé un chemin qui conduisait à leur antique demeure. En une nuit, elles construisirent la chaussée qui va de Rouen à Dieppe. A la pleine lune de septembre, elles venaient ouvrir, dans la Cité-de-Limes, une foire annuelle.

Ces traditions étant citées par les historiens les plus graves, nous ne croyons pas pouvoir les passer sous le silence. Plus tard, on en découvrira peut-être le sens et le mystère.

Mais nous avons assez disserté sur cette Cité-de-Limes, pour l'étude approfondie de laquelle nous renvoyons le lecteur aux ouvrages suivants :

L'abbé de Fontenu, *Dissertation sur quelques camps connus en France sous le nom de « Camp-de-César, »* 1re et 2e partie, avec plans, dans les *Mém. de l'Acad. des Inscript. et Belles-Lettres*, t. x, p. 403-435, édition in-4°. Caen, 1731-32, paru en 1730.

Local, *Observat. sur la prétendue Cité-de-Limes ou Camp-de-César près Dieppe*, dans le *Précis analyt. des Trav. de l'Acad. de Rouen*, t. II, p. 166-68.

P.-J. Ferel, *Recherches sur le Camp-de-César ou Cité-de-Limes, monument voisin de la ville de Dieppe, d'après sa position, son mode de défense et les fouilles qu'on y a pratiquées*, dàns les *Mém. de la Soc. des Antiq. de Norm.*, année 1826, p. 1 à 101.

H. Langlois, *Du Camp-de-César ou Cité-de-Limes, monument voisin de la ville de Dieppe*, par P.-J. Feret, in-8° de 18 pages, avec 2 pl. Rouen, Baudry, 1825.

P.-J. Feret, *Souscription pour la recherche et la découverte des Antiquités dans l'arrond. de Dieppe*, in-8° de 18 pages. Rouen, Baudry, 1826.

Id. *Société arch. de l'arrond. de Dieppe*, in-8° de 31 p. Rouen, Baudry, 1828.

Id., *Hist. des Bains de Dieppe*, p. 85-88.

Guilmeth, *Descript. géog., hist., stat. et mon. des arrond.*, t. IV, p. 150-161.

Bordier et Charton, *Hist. de France d'après les monuments*, t. 1er, p. 14-15.

L. Vitet, *Histoire de Dieppe*, partie IVe, ch. 1er.

Falluo, *Mém. de la Soc. des Antiq de Normand.*, t. IX,

L'abbé Cochet, les *Eglises de l'arrond. de Dieppe*, t. II, *Egl. rur.*, p. 143-146.

J. Reynaud, le *Magasin pittoresque*, t. XVII, année 1840, p. 172-75.

Nous ne pouvons clore cette liste sans indiquer un autre travail à ceux de nos lecteurs qui, après avoir visité la Cité-de-Limes, voudront se rendre un compte exact de cette mystérieuse et gigantesque circonvallation.

Nous voulons parler du plan en relief exécuté en 1858 par M. Amédée Feret, et offert par lui à la bibliothèque publique de Dieppe. Cette œuvre de patience et de goût est un résumé exact de l'inspection que nous venons de faire et des recherches qui ont été pratiquées dans la grande enceinte celtique. Pour l'étude, ce plan est aussi précieux que le sol lui-même, et l'on ne saurait trop féliciter la ville de Dieppe de posséder, en raccourci et au naturel, un monument qui figure à présent en tête de l'histoire de France illustrée ; car c'est d'après l'*Histoire de France* de MM. Bordier et Charton et par la bienveillance des administrateurs du *Magasin pittoresque*, que nous pouvons donner le plan abrégé de ce camp qui figure aux premières pages de leur livre, un des meilleurs qui aient paru sur notre histoire nationale.

BRAQUEMONT.

Maintenant, nous passons au village de Braquemont, dont il nous faut visiter les rues et l'église. C'est un bien vieux siége de population que Braquemont, placé entre un *oppidum* gallo-belge et un *vicus* gallo-romain dont nous parlerons tout à l'heure. Dans les racines du village actuel, on trouverait peut-être les débris de nos trois époques les plus reculées : gauloise, romaine et franque. Toutefois, il faut convenir que ceux qui ont assis l'église du village et ses plus anciennes maisons, ont singulièrement choisi leur place. Dans le voisinage d'une belle et large plaine, ils sont allés planter la maison de Dieu et leurs propres habitations sur la crête abrupte d'une colline, dans une position inaccessible et presque dangereuse.

Jusqu'ici, il ne nous a pas été signalé d'antiquités gallo-romaines dans l'intérieur du village actuel, mais le nom de *Brachemunt* figurant dans les diplômes carlovingiens, la possession antique de ce village par l'église métropolitaine de Rouen, et enfin les trois prébendes canoniales qui furent établies depuis l'origine même des chapitres, prouvent la très haute antiquité de ce lieu. Ajoutons à cela la coutume des brandons que l'on observe encore ici le premier dimanche de carême et qui remonte peut-être aux temps antiques.

Ce qui est également certain, c'est que le nom de Braquemont eut un grand éclat au moyen-âge, surtout au xiv° et au xv° siècle. Il nous est impossible de dire si Braquemont posséda un château-fort ni en quel lieu il était situé. Mais nous aimons à penser que c'est à ce village qu'une illustre famille de chevaliers, qui remplit l'histoire du bruit de ses exploits, a emprunté son nom. Les sires de Braquemont, assurément sortis de la Normandie, apparaissent pendant plusieurs siècles dans l'histoire aussi bien que sur le sol de la France, de l'Allemagne, de l'Italie, de l'Espagne et du Portugal.

Robert de Braquemont combattait en Espagne en 1385 ; et en 1648, Gaspard de Braquemont signait le traité de Munster qui rendait la paix à l'Europe. Regaut de Braquemont lutta contre les Anglais sous les règnes de Philippe de Valois et de Jean-le-Bon. Renaut, son fils, servit fidèlement le roi Charles-le-Sage. Charles VI, dans sa détresse, reçut de Robert de Braquemont quatre galères et cinq cents arbalestriers : aussi il le nomma grand-amiral de France en 1417. Guillaume de Braquemont secourut Harfleur en 1415, et Robinet de Braquemont se croisa contre les Infidèles sous les drapeaux des Vénitiens. Enfin le nom de Braquemont apparaît aussi sur le vaisseau de Béthencourt marchant à la conquête des Canaries, escorté par une pléïade de gentilshommes normands. En un mot, ils sont tour à tour grands hommes de mer, fidèles croisés, habiles diplomates et vaillants guerriers. Ils s'allient avec les maisons les plus riches et les plus distinguées de la France et de l'Espagne. Ils sont comblés de faveurs par les princes et les rois de ces deux pays.

Ainsi que nous l'avons déjà insinué, « ce fut au sommet d'une colline que les anciens pêcheurs de Puys placèrent leur église, comme s'ils avaient désiré la voir de la mer. Aussi, les tempêtes et les vents l'ont dévorée tant de fois, qu'elle n'est plus qu'un frêle édifice, pauvre et sans caractère. C'est une masse de cailloux grisâtres, recouverte de tuiles noires et sombres. Pas la moindre trace d'architecture ne se remarque dans cette église. La nef est une bâtisse en silex cent fois remaniée ; le clocher a été caché derrière l'église, au côté nord ; c'est une pauvre tour qui ose à peine élever ses murs au-dessus du toit de la nef; le chœur seul conserve quelques traces de l'architecture ogivale, sa charpente est de 1623.

« Notre-Dame de Braquemont fut très anciennement la propriété des chanoines de la cathédrale de Rouen, qui possédaient, dans le voisinage, Grèges et Martin-Église.

« Braquemont seul formait trois prébendes, dont une était toujours annexée à la charge de théologal. En 1648, ces prébendes valaient : la première 450 livres; la deuxième 1,000 livres; la troisième 450 livres. C'était le titulaire de la deuxième portion qui portait le titre de chanoine prébendé de Braquemont et qui présentait à la cure comme seigneur-patron. Le dernier chanoine prébendé de Braquemont et présentateur de la cure, fut messire Charles de Quiefdeville de Belmesnil, mort à

Rouen en 1822, et le dernier titulaire des autres prébendes fut M. l'abbé Marion, mort à Paris le 6 novembre 1846 (1). »

Sur les fonts baptismaux de cette église, qui subsistent encore, fut régénéré, le 16 octobre 1789, Louis-François Robin, fils de Jean-François Robin, *maître de bateau*, et d'Anne Frechon, son épouse. Le jeune néophyte, élevé par une famille chrétienne et par un vigilant pasteur, devint plus tard curé du Havre pendant dix ans, et évêque de Bayeux pendant vingt années. C'est sur ce siège qu'il est décédé le 30 décembre 1855, léguant sa chapelle à l'église qui l'avait vu naître. Pendant les vingt ans de son épiscopat, il ne passa guère d'années sans venir respirer l'air natal de son village ni célébrer dans l'église qui l'avait fait chrétien.

Au sortir de l'église, un chemin creux et rapide conduit à Dieppe par le haut du vallon de Puys; mais je préfère vous y ramener par les rues du village. C'est qu'ici la disposition des maisons est nouvelle et que leur arrangement est assez curieux pour mériter votre attention. La rivière et la vallée de Dieppe séparent deux pays bien différents pour les mœurs, le langage, les idées et surtout la disposition topographique des villages

(1) *Les Eglises de l'arrondissement de Dieppe*, t. II (*Eglises rurales*), p. 146-48.

et de leurs habitations. Si vous nous avez suivi dans nos excursions du pays de Caux, vous reconnaîtrez aisément la vérité des observations suivantes que nous avons consignées ailleurs, à propos du grand nombre de villages terminés en *ville*, que l'on trouve chez les Cauchois, et du peu de terminaisons en *court*, si fréquentes, au contraire, chez les Picards.

« Nous croyons avoir trouvé la raison de cette différence dans la nature même des habitations de chacune de ces deux régions. Nous allons développer un peu notre pensée.

« Dans le pays de Caux, c'est-à-dire entre Dieppe et le Havre, un village c'est la réunion morale de fermes et de hameaux isolés. Là, les fermes ou métairies se composent uniformément d'une enceinte carrée, garnie de fossés ou plutôt de retranchements plantés d'un double rang d'arbres de haute futaie. Dans cet enclos fortifié, s'élèvent, sur différents points, d'abord l'habitation du fermier et de ses gens, la maison du maître *villa urbana*, puis les bergeries, les étables et les écuries, la demeure des animaux, *villa rustica*, enfin, sur d'autres points le four, les granges et la charretterie, *villa agraria* ou *fructuosa*. En un mot, c'est le système des Romains qui couvriront ce pays de *villas*, dont nous retrouvons partout les ruines (1). A mon avis, c'est ce genre de construction, dont l'existence se perpétua dans ce pays aux périodes mérovingienne et carlovingienne, qui fut cause qu'à l'époque normande ou capétienne, le plus grand nombre de nos villages prit le nom de *villes*, terminaison si répandue chez nous, qu'il n'y a pas en France une seule province qui en possède autant que le pays de Caux. A coup sûr, ce n'est pas qu'ici le nom de *ville* ou de *villa* soit romain; pas le moins du monde; il est roman et voilà tout. Il appartient à la basse latinité du x⁰ et du xi⁰ siècle, et il s'est allié à un nom d'homme de ces temps-là. Je vais plus loin, je crois même que tous les noms terminés en *ville* sont relativement modernes, et que les noms mérovingiens ou carlovingiens étaient très différents de ceux d'aujourd'hui.

« Maintenant, quant à la terminaison en *court*, si elle est rare entre Dieppe et le Havre, elle est commune entre Dieppe et Eu, et très abondante dans le pays de Bray et la Picardie; selon nous, cela tient au système

---

(1) A Etretat, à Turretot, à Bordeaux, aux Loges, à Fongueusemare, à Colleville, à Saint-Jean-de-Folleville, dans le *Champ-aux-Tuiles*, à Maulévrier, à Brotonne, à Villefleur, à Cany, hameau de Wiffrinville, à Beauville-la-Cité, à Sainte-Marguerite-sur-Mer, à Saussemare-sur-le-Dun, à Sainte-Adresse, à Harfleur, à Saint-Pierre-en-Port, etc.

des fermes et des maisons du pays. Dans l'archidiaconé d'Eu, dans la Picardie, les villages sont d'un seul tenant ou d'un seul morceau, témoins Braquemont, Belleville, Berneval, Graincourt, etc. C'est une aggrégation autant matérielle que morale. Les maisons sont rangées sur un grand chemin, et chacune d'entre elles présente un carré parfait de constructions dans lequel on trouve, sous forme-continue, l'habitation du maître, les étables, les écuries, les granges, les bergeries, etc. Tout cela forme un quadrilatère de maçonnerie qui communique avec la rue par une grande porte. Tout l'espace vide qui est au milieu s'appelle le *courtil*. Voilà, à mon avis, la raison de la différence des noms de villages dans les deux pays et la cause des désinences en *court* et en *ville*, si communes dans la Picardie et le pays de Caux. »

Pendant que nous vous soumettons ces observations parfaitement adaptées au sujet, nous avons fini avec le village et nous sommes arrivés par une pente douce et droite à la route impériale n° 25 qui va nous ramener à Dieppe. Nous sommes à environ six kilomètres de cette ville, et ce qui le confirmerait au besoin, à défaut de borne moderne, c'est la présence toujours respectée d'un vieux cube de grès sur lequel on lit gravée l'inscription suivante :

LIMITE DE LA GARNISON DE DIEPPE.

Cette borne militaire est là depuis 1774, époque où suivant le chroniqueur Bichot, ces limites furent placées autour de la ville, car nous en connaissons sept entièrement semblables dans les environs de Dieppe.

Il y en a une seconde à Braquemont, à la sortie de ce village, vers Belleville. La troisième se trouve à Martin-Église, au bord de la forêt d'Arques. La quatrième dans le bourg d'Arques, au pied de la côte qui conduit au château. La cinquième est à Varengeville, à l'entrée du village. La sixième se trouve à Offranville, au bout des belles avenues du château. La septième, enfin, se voit à Hautot, sur le bord de la grande route et tout près de la *Croix à la Dame*. Ces pierres indiquent la *bonne lieue* au-delà de laquelle tout soldat était réputé déserteur. Avant le placement de ces bornes, quelques personnes pensent que les croix, la *Coix à la Dame*, par exemple, pouvaient servir de limites disciplinaires.

On nous a assuré que des bornes pareilles aux nôtres se voient autour de la ville de Rouen, où elles ont été placées à la fin du règne de Louis XV. Il est probable qu'il en est de même dans toutes les villes militaires de la Normandie.

N'oublions pas de dire que les champs que nous traversons en ce moment sont remplis de ruines antiques et qu'ils furent, il y a quinze, seize et dix-huit siècles, le siége d'une exploitation agricole. L'archéologie de notre temps s'est assurée de ce fait que les travaux du siècle dernier avaient déjà fait pressentir. « Entre les villages de Braquemont et de Graincourt, à deux cents toises environ au-delà de la pierre qui indique, sur la grande route, l'ancienne limite de la garnison de Dieppe, disait M. Feret à la Société archéologique de cet arrondissement, j'ai fait déblayer les fondations de deux maisons gallo-romaines. J'y ai trouvé avec des débris de poterie une figurine en terre cuite qui était mutilée, mais que j'ai reconnue être en tout pareille à une statuette rencontrée lors du curage de la mare de Lardillière, aux environs d'Evreux. Cette statuette représente une femme assise dans une chaise tressée en natte et portant deux enfants qu'elle allaite. Des antiquaires pensent que c'est une Latone, d'autres regardent cette figure comme un *ex-voto* de femme en couches ou de nourrices. Autour de ces fondations il y avait des morceaux de meule à broyer, des clous, des hameçons, grand nombre de fragments de poterie et des amas considérables de tuiles brisées.

Non loin de là nous avons visité une sépulture qui renfermait une belle urne en verre et plusieurs autres vases; l'urne en verre contenait, avec des os brûlés, une médaille d'Antonin-le-Pieux (1). »

Depuis cette époque, il a été trouvé, à la naissance du vallon de Puys, un vase en bronze contenant trois cents monnaies de billon du IIIe siècle. Elles ont été dispersées par les laboureurs, qui n'en firent aucun cas.

La plaine que nous traversons est un peu monotone peut-être, mais elle est vaste et fertile. Cependant, pour vous distraire, vous avez à droite la mer avec ses navires, le Camp-de-César avec ses hauts fossés. A gauche est le village de Grèges, ancienne propriété des chanoines de Rouen, et dont l'église dédiée à sainte Madeleine, ne date guère que du XVIe siècle. Mais ce malheureux pays a beaucoup souffert du voisinage de Dieppe. Au XVe siècle, les Anglais y causèrent *maux innumérables*, ainsi que les réformés dieppois en 1562. Dans la plaine de Grèges, le commandeur de Challes battit les Ligueurs dieppois le 10 mai 1589, et les repoussa jusque dans la vallée de l'Eaulne et les forêts de l'Aliermont.

(1) *Société Archéologique de l'arrond. de Dieppe* (en 1827). p. 12-14.

Mais nous arrivons au haut de Neuville, à la jonction de la route départementale qui conduit de Dieppe à Beauvais, par Envermeu, Londinières et Neufchâtel.

Avant de redescendre dans la vallée, il nous faut visiter l'intéressant village de Neuville, dont l'église élève au-dessus des arbres sa flèche en hache qui, comme celles d'Arques, du Bourg-Dun, de Criel, d'Envermeu et de Saint-Remy de Dieppe, rappelle le temps de Louis XIII.

Neuville-le-Pollet.

Neuville, quoique son nom latin de *Nova villa* indique une nouveauté relative, n'en est pas moins une très vieille localité. La raison que nous en donnerons sera prise dans le sol lui-même, et nous citerons comme preuve démonstrative de cette vérité, le cimetière gallo-romain que nous y avons exploré en 1845 et en 1850.

Ce cimetière, qui était situé sur la plaine, à la naissance même de la colline qui penche vers le Pollet, se trouvait complètement renfermé dans deux jardins appartenant à MM. Duval et Levasseur. Pendant trois mois, et à deux reprises différentes, j'ai fouillé ce champ de repos qui n'avait pas moins de cinquante mètres de long sur trente de large. J'y ai découvert plus de cinq cents vases provenant d'environ cent cinquante groupes de sépultures. Ces vases en terre et en verre, présentaient à peu près toutes les formes et toutes les variétés de la céramique antique. Quelques-uns de ces vases sont à la bibliothèque de Dieppe, le reste est au musée

Sépultures gallo-romaines.

départemental de Rouen. Ces derniers sont les plus beaux, et l'on peut assurer que dans ce nombre se trouvent des pièces rares et d'une beauté remarquable. Nous avons donné à plusieurs reprises le récit de cette intéressante exploration qui eut alors un grand retentissement dans le monde archéologique. Nous ne le répèterons pas ici, et nous renverrons le lecteur curieux de connaître les détails de cette découverte, au récit que nous en avons donné dans notre *Normandie sou-*

terraine. Nous ajouterons seulement que, parmi les monnaies romaines que nous avons tirées du fond des urnes, nous n'avons reconnu que des souverains du Haut-Empire, tels que Marc-Aurèle, Commode, Antonin, Faustine et Adrien.

Quelques vases en terre rouge ont présenté le nom de leur fabricant : nous avons lu entr'autres les noms de Tocca, Verocandus, Cesianus et Anticuus. Les verriers mêmes n'ont pas oublié d'estamper leurs marques sur les fragiles monuments sortis de leurs mains. Des barillets nous ont fait lire les noms de Daccius et de Frontinus. Ce dernier paraît avoir été le plus renommé des verriers romains de nos contrées.

Ces fouilles, entreprises aux frais du département et favorisées par la ville de Dieppe, comptent parmi les plus heureuses qui aient été pratiquées en Normandie depuis quelques années.

Ces sépultures étaient toutes par incinération, et elles devaient remonter aux deux premiers siècles de l'ère chrétienne. Nous pensons que les hommes que l'on inhumait ainsi étaient les habitants de ce quartier de Dieppe que nous appelons le Pollet, et dont les antiques demeures se révèlent dans la coupe des terrains qui longent la retenue, depuis les Abattoirs jusqu'à l'ancienne chapelle de Bonne-Nouvelle. Ces demeures abondent surtout sur le point qui porte aujourd'hui le nom de Jérusalem, et dont nous avons parlé à la fin de la promenade d'Arques et de Martin-Eglise. Ce centre d'habitation correspond précisément au cimetière de la colline, cimetière qui se rattachait alors à ce groupe de population.

L'existence romaine de Neuville une fois constatée par des maisons et des sépultures, il nous faut ensuite arriver jusqu'au XIe siècle avant de trouver trace de cette localité. Elle nous apparaît comme paroisse, en 1093, dans la charte de fondation du prieuré de Longueville par Gauthier Giffard, châtelain du lieu et comte de Buckingham.

L'église, dédiée à saint Aubin d'Angers, fut mise alors sous le patronage des moines de Longueville, qui possédaient à Neuville des dîmes, des salines, des terres, du poisson, des rentes, des plaids, des *mazures et un hostel* en bois où ils exerçaient leur juridiction. Cette paroisse, qui n'a plus aujourd'hui que 400 habitants, était alors fort importante, car c'était d'elle que relevait le Pollet de Dieppe, qui n'a été émancipé qu'en 1838. C'est à partir de cette époque que la séparation s'est faite, que la paroisse de Notre-Dame du Pollet s'est constituée et que cette section de près de quatre mille âmes a enfin obtenu son église et son cimetière.

Auparavant, les Polletais montaient la côte chaque dimanche pour les pieux devoirs de leur religion; et comme cette population est très chrétienne, c'était à coup sûr une grande fatigue et aussi un grand mérite devant Dieu. A présent que la séparation est consommée, on s'étonne que pendant des siècles des milliers de personnes se soient résignées à faire un si pénible chemin pour des devoirs aussi impérieux que ceux du culte.

C'est ce rôle de métropole d'une nombreuse population qui explique la grandeur et la beauté de l'église de Neuville, trop vaste à présent pour sa modeste population de jardiniers et de cultivateurs.

« L'étonnant accroissement que prit la ville de Dieppe au xvie siècle fut cause des grands travaux et des reconstructions opérées dans cette église; et puis les ravages des protestants, les guerres de la Ligue dont ce côteau fut le théâtre, durent altérer le monument primitif et nécessiter son renouvellement.

« Du reste, comme nous l'avons déjà dit, cette époque est remarquable par les innombrables travaux qui s'opérèrent dans les églises de l'arrondissement de Dieppe. Les plans des édifices sont grandioses, mais jamais aucun n'a été conduit jusqu'à parfaite exécution. Neuville est de ce nombre.

« D'après une inscription que nous lisons dans le milieu de la nef, ce vaisseau fut commencé en 1588 ; mais il paraît qu'on avait beaucoup de peine à mener l'œuvre à fin, car l'excellent trésorier qui l'avait entreprise crut devoir s'adresser à la divine Providence et à ses chers compatriotes pour les supplier de ne pas laisser l'œuvre inachevée. Voici l'éloquente plainte que lui a inspirée son zèle :

>   Eternel Dieu, je te pry que ta grace
>   Flve des cievx dessvs ce sainct lieu cy
>   A telle fin que selon ta mercy
>   Soit achevé povr adorer ta face.
>
>   Pevple chrestien ne perdons le covrage
>   De povrsvivir cette œvvre commencée,
>   Considérant que Dieu l'a advancée
>   Comme l'honnevr de son sainct héritage.
>
>   Qvand Michel Hardovin fvt d'icy thésavrier,
>   Portail, arche et piliers a fait édifier.
>   L'an 1588.

« La nef de l'église de Neuville est tout à fait de ce temps, c'est la partie la plus récente de l'église ; elle se compose de trois allées construites en pierre, communiquant entre elles par des arcades ogivales d'une médiocre élévation. La voûte principale est formée par un berceau supporté par des bossels du xviie siècle. Cependant cette charpente dut être remaniée plus tard, car on y trouve le millésime de 1748.

« L'appareil de la nef a été retouché au dehors; il est en grès et en silex grossier.

« Le clocher, sur le portail, est un corps carré en grès soutenu avec de massifs contre-forts et percé au bas de fenêtres ogivales dans le style du xvie siècle. Les cintres du haut ont été ajoutés en 1605, quand on répara les désastres causés par la réforme.

« La partie la plus intéressante de cette église, la seule qui présente une étude d'architecture, c'est le chœur, qui doit dater du milieu du xvie siècle. Les fenêtres ogivales étaient garnies de meneaux qui sont tombés. Les contre-forts ont perdu leurs aiguilles. Le dehors a été terriblement mutilé ; mais l'intérieur a moins souffert. On verra avec le plus grand plaisir les jolis chapiteaux qui couronnent les colonnettes du chœur, ce sont de gracieuses corbeilles, des torsades, des feuilles de chêne, des branches d'arbres, des chaînes de coquillage, dont rien ne saurait rendre l'élégance et la légèreté : le crayon seul pourrait réussir à donner une idée du fini et de la délicatesse de ces morceaux de sculpture.

« La voûte du chœur, qui possède quelques pendentifs, présente le millésime de 1607. Sur la voûte de la chapelle Saint-Pierre, nous lisons le chiffre 1605 ; ce fut donc vers cette époque du règne pacifique de Henri IV, après la guerre de la Ligue, que l'on restaura cette église, dont une partie avait été commencée la veille de la bataille d'Arques.

« Nous citerons encore, pour achever l'étude de l'église, quelques restes de vitraux du xvie siècle. Dans l'allée méridionale, où l'on voit le chiffre de 1586, est un vitrail représentant saint Nicolas avec ses trois clercs, puis un saint apôtre que nous prenons pour saint Thomas. Au bas est le donateur qui porte la fraise blanche, l'habit bleu et le manteau rouge ; la donatrice, qui le suit, est accompagnée de son enfant. Dans un médaillon se lit le chiffre de 1620.

Au haut de cette nef est un navire qui a quatre mâts ; c'est sans doute une image fidèle des nefs du xvie siècle. On serait tenté d'y voir un de ces dix-huit vaisseaux qui, le 5 août 1555, combattirent si glorieusement dix-huit hourques flamandes, à la hauteur de Douvres (1). Les vergues du navire sont carguées, une ancre est suspendue à la proue, une autre vient d'être jetée à la mer. Il y a sept hommes à bord ; le capitaine, qui est sur le gaillard d'arrière, se distingue de l'équipage par une

(1) Vers 1834, M. Féret a publié ce vitrail avec une notice.

fraise qu'il porte au cou ; ces marins portent la braie, presque tous sont vêtus de rouge, ils ont un bonnet de la même couleur. Il n'y a qu'un seul sabord garni de son canon. Le pavillon qui brille au haut des mâts montre une croix blanche sur un fond bleu. Il est malaisé de dire si c'est un navire de commerce ou un vaisseau de guerre. Malheureusement, l'inscription a été détruite ; il ne reste plus que ces mots : « .... *Bourgois de Dieppe...... et Thomas Boite..... Priez pour lui.* » Tout imparfait qu'il est, ce fragment est encore précieux pour l'histoire de la marine au moyenâge (1) »

N'oublions pas de signaler à l'attention du touriste et du pèlerin la sépulture du curé Heusey, placée dans le cimetière de Neuville, au pied d'une croix de grès qui date de 1524. Depuis 1751 que le digne et pieux pasteur repose modestement au milieu de ses paroissiens, sa tombe est l'objet de la dévotion populaire, car cet homme, quoique suspect de jansénisme, est resté en odeur de sainteté, et les pauvres gens de Dieppe et des environs viennent prier devant sa pierre tumulaire comme sur la tombe d'un martyr, et ils prennent de la terre de sa fosse qu'ils avalent comme un fébrifuge souverain.

(1) *Les Eglises de l'arrondissement de Dieppe,* tome Ier, p. 266-78.

C'est ici une miniature du diacre Paris et du cimetière de Saint-Médard.

Le nouveau Musée de Dieppe conserve un assez beau portrait de cet ancien curé de Neuville qui fut longtemps une vraie célébrité populaire.

Ce qui dut contribuer à l'illustration de ce modeste pasteur, c'est qu'en 1718, par suite d'un interdit qui fut lancé sur son clergé par messire Claude d'Aubigné, archevêque de Rouen, une émeute éclata à Dieppe et au Pollet. Le prélat fut assiégé dans la sacristie de Saint-Remy et obligé de quitter la ville en toute hâte. Instruit de ce trouble par le gouverneur de Dieppe, le duc d'Orléans, alors régent du royaume, écrivit au pontife pour le prier de modérer son zèle en faveur de la bulle *Unigenitus*.

Après ce triste souvenir de nos discordes religieuses, nous quittons Neuville, aujourd'hui le séjour du calme et de la paix, et nous gagnons Dieppe par la cavée profonde qui porte le nom de *Henri IV*. Sur le versant de cette côte et assez près du chemin est une chaumière où l'on dit que le Béarnais a logé un instant et qui à cause de cela se nomme encore la *Maison de Henri IV*.

Cette vieille masure a maintenant son histoire. M. Feret l'a racontée dans un opuscule qui lui est spécialement consacré et qu'illustre une belle gravure sur acier tracée par le burin de M. Ransonnette, un de nos meilleurs artistes en ce genre.

Ceci dit, nous rentrons à Dieppe avec le vainqueur de Mayenne.

PROMENADE

A Envermeu par Grèges, Ancourt, Sauchay et Bellengreville; retour par Saint-Nicolas-d'Aliermont et la forêt d'Arques.

Depuis longtemps, nous avons promis aux lecteurs de ce *Guide* de les conduire à Envermeu et sur l'Aliermont. Nous ne saurions nous soustraire plus longtemps à un engagement qu'il nous est doux de remplir. La promenade à laquelle nous convions le baigneur et le touriste commence à devenir très fréquentée. La forêt, du reste, a toujours été le rendez-vous à la mode des étrangers depuis cinquante ans que Dieppe est devenu le balnéaire le plus recherché des côtes de la Manche.

Pour gagner Envermeu, deux routes s'offrent à nous, l'une par la plaine, l'autre par la vallée; mais toutes deux à la distance de sept kilomètres, c'est-à-dire à moitié chemin, s'unissent à Ancourt dans la vallée de l'Eaulne, pour ne plus former qu'un seul chemin.

Si vous suivez la vallée, qui, du reste, a toutes nos préférences, vous sortez du Pollet par le chemin de grande communication n° 1ᵉʳ qui va de Dieppe à Neufchâtel. Vous longez la *Retenue*, les tranchées de *Bonne-Nouvelle*, toutes semées de débris romains, tout échelonnées d'établissements du moyen-âge. Vous traversez de nouveau Etran où fut une église, et dont vous apercevez les murs blancs et ruineux du cimetière. Il ne reste guère dans ce hameau qu'une gentilhommière dont les murs du xvie siècle montrent des silex taillés avec une finesse, un poli et une précision que l'on ne rencontre plus aujourd'hui. Dans l'enceinte d'un cabaret où se tient chaque année, le jour de la Sainte-Trinité, l'assemblée de Saint-Léonard, vous remarquerez un puits construit en moellon taillé du xviie siècle.

Le chemin sur lequel nous sommes est celui que suivirent en avril 1659 les comtes de Dunois et de Saint-Paul, fils du duc et de la duchesse de Longueville, de celle-là même qui fut appelée la *Reine de Paris*. 2,000 soldats à pied et plus de 500 gentilshommes à cheval vinrent jusqu'à Etran au-devant des princes. Ils étaient conduits par le gouverneur de Montigny et le major de La Boissière. Pendant ce temps, le canon du château d'Arques tonnait comme dans un jour de bataille et la galliotte de M. de Rassent suivait sur la rivière, en faisant des décharges de mousqueterie.

Dans une précédente promenade, nous avons traversé Martin-Eglise. Nous vous engageons à visiter de nouveau ce village, afin d'y voir une vieille grange dîmeresse qui semble remonter au XIIe siècle. C'est tout ce qui reste de la juridiction civile, judiciaire et ecclésiastique qu'exerça ici pendant plus de mille ans le chapitre de Notre-Dame de Rouen. Vous accorderez aussi un regard à une modeste maison qui fut le berceau d'une famille de Ménibus, dont les membres portèrent presque tous l'épée comme il convient à la noblesse française « née du fer, » ainsi que l'a si bien dit Chateaubriand. Les derniers rejetons de cette petite tribu militaire furent élevés par un jeune prêtre nommé Briche, qui confessa la foi chrétienne sur la place publique de Dieppe, le 22 avril 1794. Vous pourrez voir dans l'église de ce hameau le souvenir que nous avons accordé à ce martyr de l'Eglise de France.

A Martin-Eglise, vous quittez le chemin de grande communication pour suivre un chemin d'intérêt commun qui va d'Ouville à Ancourt, par Offranville et Arques. Vous laissez sur votre droite un groupe de vieilles maisons et d'anciens moulins que renouvelle l'industrie moderne. Une épuration d'huile et une teillerie de lin, montées d'après les procédés les plus récents, rajeunissent le village en le vivifiant.

Avant de rejoindre l'église et le village d'Ancourt, vous passez par *Pallecheul* ou *Pallecheux*, vieux manoir du XVI⁰ siècle, où fut établi un prêche protestant au temps de nos discordes religieuses et civiles. Il était sous la protection des seigneurs du lieu qui avaient embrassé la réforme, comme presque tous les gentilshommes de la contrée (1). L'un d'eux est connu dans l'histoire de Normandie par la défense de Neufchâtel, dont il était gouverneur, et dans l'histoire de France parce qu'il fut, à Blois, un des assassins du duc de Guise.

Après Pallecheul, vous passez devant une petite avenue qui conduit au château de Pont-Trancard. Ce castel joua un rôle dans les guerres des Anglais, des Bourguignons, des réformés et des ligueurs. Aujourd'hui ce n'est plus qu'une pacifique demeure, assise aux bords de l'Eaulne, devenue une rivière paisible et industrielle. Autrefois, c'était une forteresse à cheval sur le ruisseau et baignée par lui. Parmi les siéges qu'elle a soutenus, on cite surtout celui que lui fit subir, en 1472, le terrible Charles-le-Téméraire. Étrange destinée des demeures humaines ! Ce fut à ce même château du Pont-Trancard, qu'en 1805, on vint prendre, pour l'enfermer aux *Madelonnettes* de Paris Mme d'Ancourt, sus-

(1) Les ministres Cartau et Bardin Paris établirent leur prêche chez Robert Roquigny, à Pallecheul. Ouvert le 23 avril 1578, il fut fermé le 21 juillet 1585.

pecte, avec raison, d'un grand attachement à l'Eglise anti-concordataire. Cette dame avait fait de sa maison un sanctuaire de la *Petite-Eglise*, tandis qu'en 1568 le sire de Pont-Trancard avait installé un prêche huguenot dans sa féodale demeure.

Si, au contraire, vous préférez la plaine, vous traversez encore le Pollet pour monter la côte d'Eu par la route impériale n° 25. Au sortir des maisons, vous apercevez sur votre droite l'ancien *fort Châtillon*, dont la butte se dresse encore comme le dernier mamelon des fortifications du faubourg. A votre gauche est le cimetière actuel de la paroisse. Il ne date que de 1838, époque où le faubourg fut détaché de la cure de Neuville qui était son église-mère depuis son origine. Comme nous l'avons déjà dit, ce n'est que depuis 1838 que le Pollet est paroisse, et depuis 1849 qu'il est doté d'une église. Pendant vingt ans, on a officié dans la vieille chapelle des Grèves, église provisoire qui a disparu en 1858.

Au haut de la côte, à l'endroit où commence le village de Neuville, vous quittez la route impériale pour suivre la route départementale n° 5, qui conduit de Dieppe à Beauvais. Cette excellente petite route, commencée vers 1829, a vivifié la vallée de l'Eaulne et tout le pays de Bray; mais elle a eu un grand tort, qu'elle n'aurait plus aujourd'hui, ça été de gravir deux côtes, celles de Dieppe et de Grèges, et de faire descendre le *mont d'Ancourt* si rapide et si élevé. La plaine que nous traversons est plate, froide, nue et monotone, tandis que la vallée est abritée, verdoyante, accidentée, poétique et pittoresque. Cette route abrège peut-être la distance; mais ce mince avantage est chèrement acheté par les ennuis et la préoccupation des côtes. C'est à tel point que nous croyons fermement que le jour où le chemin de la vallée sera parachevé dans les traverses d'Ancourt et de Martin-Eglise, la plaine sera complètement délaissée.

Le plus grand avantage de ce chemin, c'est de desservir le village de Grèges, qui, du reste, serait parfaitement accessible par la route impériale.

GRÈGES.

Ce village de Grèges a des ruines romaines, c'est ce qu'ont très bien montré des fouilles archéologiques pratiquées par M. Ferot, lorsque Mme la duchesse de Berry visitait Dieppe et en patronait l'histoire. On vit alors des métairies gallo-romaines sortir du milieu des champs cultivés. La charrue, qui avait nivelé ces ruines, heurtait parfois la pierre antique qui était rentrée sous terre.

Le chapitre de Rouen posséda Grèges dès la plus haute antiquité, et l'église était rangée dans son exemption. Le peuple ne se souvient guère de cette exemption capitulaire, dont il ne nous reste plus que quelques rares mandements qui se retrouvent dans les collections d'amateur.

L'église actuelle a gardé peu de traces du passé. S'il reste quelques pierres du xiii⁰ siècle, la majeure partie de l'édifice date du xvi⁰. Nous n'y avons bien remarqué qu'un baptistère sculpté à la Renaissance et la tombe de Pierre de Blancbaston, seigneur de Grèges au xvii⁰ siècle.

Les Blancbâtons, qui portaient sur leur écu des armes parlantes, avaient fondé la chapelle de Sainte-Madeleine dans l'église de Saint-Jacques de Dieppe.

N'oublions pas de dire que cette petite église de Grèges, depuis longtemps veuve de prêtres et soutenue par le seul zèle des habitants, fut pillée au xv⁰ siècle, par les Anglais, et au xvi⁰, par les Calvinistes. Elle souffrit aussi des guerres de la Ligue, car ce fut le 10 mai 1589 que le commandeur de Chattes, battit les ligueurs dans la plaine de Grèges et les rejeta dans la vallée de l'Eaulne et dans les bois de l'Aliermont.

En face de Grèges et avant de nous enterrer dans le *fond* de ce nom vous apercevez, sur votre droite, le château de Thibermont, construction du xviii⁰ siècle, qui abrita longtemps Mlle de Verton, sainte fille morte en Angleterre, à la tête du couvent de Norwood, et qui abrite parfois le général Valazé, un des plus vaillants soldats de la France.

Avant de descendre le *mont d'Ancourt*, vous jouirez d'un des plus beaux points de vue que ce pays puisse vous offrir. A votre droite sont le bourg, l'église et le château d'Arques : au pied de la colline où fut livrée la bataille, vous voyez trois rivières unir leurs eaux pour former l'Arques ou la Dieppe. En face de vous, sur votre gauche, c'est la vallée de l'Eaulne qui se déroule sur une longueur de dix à douze kilomètres. Cette vallée toujours agreste, quoiqu'avec un commencement d'industrie, est d'une fraîcheur et d'une beauté magnifiques. Elle s'élargit, ce semble, pour recevoir le bourg d'Envermeu, terme de notre voyage, et dont vous apercevez le beau clocher de pierre. A vos pieds, le village d'Ancourt se groupe autour de sa flèche d'ardoise et se cache comme un nid dans un buisson. Puis les villages s'allongent et s'échelonnent de châteaux et d'églises. Sur le flanc des coteaux vous voyez d'un côté des fermes qui les couronnent, de l'autre la forêt dont les bords dentelés descendent en larges festons comme la grande nappe d'une table. Cette vue de forêt récrée les yeux et agrandit la pensée : elle l'attristerait si l'on ne se sentait au milieu des habitations.

ANCOURT.

Les deux routes d'Euvermeu, celle d'en haut comme celle d'en bas, se fusionnent et se réunissent ensemble au village d'Ancourt. Profitez-en pour visiter l'église qui est une des plus belles et des plus curieuses des environs de Dieppe.

Le vaisseau est du XVIe siècle ; il n'y a d'exception à cette règle que la tour carrée du clocher placée au côté nord de l'église et que je crois du XIIIe. Il est évident qu'au temps de François Ier, l'église fut refaite et transférée. Je ne serais nullement surpris quand les fondations de l'ancien édifice se trouveraient au septentrion de l'église actuelle.

La nef principale est accompagnée de deux collatéraux avec lesquels ils communiquent au moyen de colonnes rondes supportant des arcades de la Renaissance, le chevet triangulaire est construit avec goût et avec élégance. On y remarque sculptées sur pierre les armes de l'abbaye de Fécamp, patronne de l'église et décimatrice de la paroisse.

Mais la partie vraiment remarquable de l'église d'Ancourt, ce sont les verrières. Elle en possédait autrefois dans toutes les fenêtres, mais aujourd'hui il n'en reste plus que dans le chœur et le collatéral du midi.

Dans le bas-côté méridional, vous verrez la Sainte-Vierge, Saint-Martin, Saint-Saturnin, la naissance du Sauveur, l'adoration des Bergers, celle des Anges et un arbre de Jessé. Dans le chœur, on trouvera la légende de saint Saturnin, de Toulouse, protecteur de la paroisse et patron de la confrérie, diverses scènes de la Passion du Sauveur, notamment un beau Crucifiement qui sert de contretable.

Ces trois verrières sont autant de chefs-d'œuvre. Elles méritent que vous passiez quelques moments à les étudier et à les admirer. Vous remercierez le zèle de M. l'abbé Vinchenoux, curé d'Ancourt, qui, en 1856, a pourvu à leur restauration avec le concours du département et des paroissiens, parmi lesquels on doit distinguer M. de Belleville, châtelain du Pontrancard.

« L'église d'Ancourt, dit M. Vitet, tiendrait dignement son rang dans un pays riche en belles vitres peintes, car ses verrières peuvent aller de pair avec les ouvrages les plus distingués que le xvie siècle ait produits en ce genre ; mais combien n'acquiert-elle pas d'importance, combien n'éprouve-t-on pas de plaisir à l'aller chercher au fond de sa vallée, quand on pense que, semblable à cet enfant que la nuit de la Saint-Batholemy a laissé pour mort sous les cadavres de sa famille, elle seule a survécu, elle seule a dérobé aux Vandales les fragiles beautés dont ses sœurs de Dieppe et de toute la vicomté furent si traîtreusement dépouillées. »

Quand vous aurez accordé un regard au baptistère et au bénitier, sculptures du XVIe siècle vous pouvez quitter cette église que vous ne regretterez jamais d'avoir visitée.

En sortant de la maison de Dieu, vous franchissez un cimetière qui est depuis longtemps le dortoir de l'homme; car il y a bien des années déjà que j'entends dire que l'on trouve des vases anciens autour de l'église d'Ancourt. Je regrette de ne les avoir jamais vus. Vous donnerez un regard au tertre énorme qui est contigu au chevet de l'église. C'est la base d'un ancien château détruit depuis longtemps et qui doit remonter au moins au Xe ou au XIe siècle.

Il y avait encore à Ancourt un autre château, dont on m'a montré les restes. Ces débris de construction m'ont paru remonter au XVIe siècle.

A partir d'Ancourt nous n'avons plus, jusqu'à Envermeu, qu'à suivre la voie antique transformée en route départementale de 1830 à 1838.

SAUCHAY.

Nous mettons le pied sur le canton d'Envermeu. Le premier village que nous y rencontrons est celui de Sauchay-le-Bas où l'on a trouvé, vers 1837, trois cent cinquante monnaies d'argent à bas titre, à l'image des Gordien, des Philippe, d'Aurélien et autres Césars du XII° siècle. L'église qui borde le chemin fut assise de bonne heure sur la voie antique. On y remarque des cintres du XI° siècle : le clocher fut autrefois un campanile roman percé de deux ouvertures pour les tinterelles. Depuis on a pratiqué dans le pignon de l'ouest une porte en anse de panier du XVI° siècle, le maîtreautel est formé d'une dalle antique, et dans la nef est une inscription tumulaire de 1531.

Mais la partie la plus curieuse de cette église, c'est la crypte ou chapelle souterraine placée sous le chœur. Elle renferme un autel de Saint-Sauveur et son appareil paraît fort ancien. Chose que l'on croirait à peine ! un coup de tonnerre a détérioré cette crypte en 1839. C'est peut-être là qu'au XIII° siècle on faisait les veillées ou vigiles que Rigaud ordonna de supprimer dans sa visite pastorale de 1248.

Quand vous avez quitté Sauchay, vous laissez sur la gauche un joli petit vallon sec qui se termine par les futaies plantureuses qui entourent le château de la Vauvaie. Ce château a conservé sa petite chapelle du XVI° siècle.

INERVILLE. — BELLENGREVILLE. — SAINT-SULPICE.

Presque en face de la Vauvaie, on voit de l'autre côté de la vallée une grande et vaste ferme qui forma autrefois la paroisse d'Inerville, laquelle se composait d'un seul feu. L'église, encore écussonnée des armes des seigneurs, est devenue une étable à vaches, j'y ai remarqué des pierres du XIIIe siècle; mais ce qu'elle avait de plus intéressant, c'était la dalle tumulaire d'un chevalier du XIVe siècle, dont l'image était sculptée en relief, cette dalle, qui couvrit longtemps une loge à chien a été donnée par la famille d'Hybouville à l'église d'Envermeu où nous l'avons encastrée, en 1858, aux frais du département; vous pourrez la visiter tout à l'heure.

Cette ancienne paroisse d'Inerville est réunie pour toujours à celle de Bellengreville, où nous arrivons en ce moment. Bellengreville a régénéré son église en 1858. C'est une pauvre construction en brique, en silex et en plâtre comme on n'en fait hélas ! que trop de nos jours. Ne vous y arrêtez pas. Nous vous dirons seulement que l'église qu'elle a remplacée ne datait que de 1715, et qu'elle était devenue insuffisante par suite des annexions opérées par la révolution. La première église de Bellengreville était située au milieu de la vallée, au bord de la rivière, dans un lieu appelé *l'île de Saint-Germain*.

Elle était accompagnée d'une fontaine sacrée dédiée à l'évêque d'Auxerre, qu'il ne nous répugne pas de faire traverser nos contrées lors de ses courses apostoliques de Gaule en Bretagne. Du reste, si vous désirez des renseignements sur Bellengreville et les communes environnantes, vous pouvez en toute confiance, vous adresser à l'instituteur du lieu, M. Petiteville, qui prépare une histoire de sa commune. C'est un bon exemple que nous aimerions à voir devenir contagieux auprès des curés et des instituteurs.

Nous avons dit que Bellengreville s'était enrichi des paroisses voisines supprimées à son profit. Parmi les plus importantes, nous devons citer Saint-Sulpice ou plutôt Bellengrevillette, c'est ce hameau près duquel nous passons et qui cache sous le bouquet de ses arbres le ruisseau qui vivifie cette vallée. L'église a été vendue en 1809 et le cimetière en 1834. Le point qu'ils occupaient paraît avoir été ancien, car on y a trouvé des cercueils et des vases que quelques-uns croient antiques.

HYBOUVILLE.

Nous traversons le hameau de Torqueville, qui n'eut

jamais d'église ni de chapelle ; mais en face, de l'autre côté de la rivière, est Hybouville, qui fut autrefois une paroisse à la nomination de l'abbaye du Bec par le prieuré d'Envermeu. L'église supprimée à la révolution fut aliénée et démolie en 1812, on assure que des caveaux se trouvaient sous le chœur et qu'on y a rencontré des vases anciens.

Une chose intéressante reste encore, c'est le château appartenant à la famille Gallye d'Hybouville, dont la noblesse date de la bataille d'Arques ; cette gentilhommière présente des lucarnes de pierre du XVIe siècle et une jolie porte d'entrée sur laquelle on lit le millésime de 1635.

ENVERMEU.

Hybouville aujourd'hui est une section d'Envermeu dont nous voyons déjà depuis bien longtemps la tour de pierre et la flèche d'ardoise dominer majestueusement la vallée. Nous entrerons dans ce bourg complètement métamorphosé depuis le percement des trois grandes routes qui le traversent. La première est la route départementale n° 5 qui va de Dieppe à Beauvais et qui fut exécutée vers 1835 ; la seconde est la route départementale n° 32 qui conduit de Bolbec à Blangy et qui fut exécutée ici vers 1850. Celle-là a relevé de l'ensevelissement profond où il était tombé le quartier de Saint-Laurent. La troisième est le chemin de grande communication n° 22 d'Auffay au Tréport, achevé vers 1860. Cette dernière a rendu accessible la côte de Brais qui n'était qu'un casse-cou. Par ces divers chemins, Envermeu, encaissé entre deux collines boisées, est devenu accessible pour tous les points du département. Lui-même peut se diriger facilement sur tous les centres importants du pays. Aussi la prospérité commerciale et matérielle a-t-elle suivi proportionnellement le nombre des débouchés. Il en a du reste été de même partout.

Envermeu, non content de créer ses voies, a multiplié ses maisons, il a reconstruit son hôtel-de-ville et renouvelé ses halles, vastes hangars de bois et de tuile qui croulaient sous le poids du temps. C'était après tout une vieille construction carrée qui sentait le moyen-âge, et qui pouvait bien dater du XVe siècle, époque où Charles VII autorisa sur la place publique la translation du marché qui se tenait dans le cimetière. On peut avancer que, depuis l'origine de la féodalité, la fabrique de Notre-Dame d'Envermeu jouissait « *des droits de coutume, hallage, mesurage, étalage de marché ou foire publique qui se tenoit une fois la semaine le jour du samedi autour de l'église de Céans.* » Ce droit de coutume est confirmé par actes royaux de 1356, de 1422, de Charles VII, de Louis XII et de François Ier.

Envermeu est un lieu riche en antiquités de toute sorte. Il a surtout une grande réputation dans l'archéologie mérovingienne. C'est en effet le cimetière de ce bourg qui nous a révélé toute l'archéologie franque. La source de ce petit fleuve scientifique a été une vaste nécropole aperçue pour la première fois en 1850, lors de l'établissement de la route départementale n° 32, dans la partie qui va vers Bailly.

Une fois connu par la voirie, ce champ de sépultures a été exploré par la science. Pendant dix années, de 1850 à 1859 nous avons pratiqué neuf fouilles dans son enceinte et nous avons réussi à l'explorer dans son entier. Il avait une forme presque circulaire et nous estimons qu'il couvrait un espace de 90 mètres de large sur 120 de long.

Dans cet espace considérable, nous avons visité au moins 800 fosses dont plusieurs avaient été pillées. Toutes les sépultures avaient été taillées dans la craie. Nous n'y avons rencontré que deux cercueils de Vergelé. Ce cimetière devait aller de Clovis à Charlemagne. Nous y avons trouvé des pièces du VIe siècle et un denier du fils de Pepin-le-Bref.

Les objets sortis de ce riche cimetière sont sans nombro. Ils se composent principalement de vases en terre, en verre et en bronze, d'armes en fer parmi lesquelles il faut distinguer deux angons, quatre épées, des boucliers, des sabres, des poignards, des couteaux de toute taille, des fers de lance, des haches francisques et des pointes de flèches.

Les monnaies consistaient en monnaies gauloises en or, en monnaies romaines en bronze ou argent, en monnaies franques en argent des premiers temps mérovingiens et en un denier carlovingien. Les objets d'ornement étaient en fer, en bronze, en argent et en or, en verre, en émail ou silex. Je cite dans le nombre : des épingles à cheveux, des styles en bronze; des boucles d'oreilles en or, argent et bronze ; des bagues ou anneaux en bronze, argent et or ; des bracelets en argent, en bronze et en verre ; des colliers en perles de verre, de pâte de verre, d'ambre ou d'agate; des coffrets en os et en bronze estampé ; des boucles et des plaques de ceinturon en fer damasquiné et en bronze étamé et ciselé; des fermoirs de bourse en or, en bronze et fer ; des aiguilles en bronze, des ciseaux en fer, des vrilles en fer, des pierres à refiler et des silex à battre le feu, des plateaux et des poêlons en bronze, des seaux ou baquets en bois dont quatre, cerclés de fer, étaient montés et garnis de cuivre doré; des chaînettes en fer et en bronze, des clefs de coffret et de maison en fer et bronze ; des éperons en fer, des boucles et des mors de chevaux trouvés avec les squelettes des animaux, des bois de cerfs, des porcelaines, des coquillages, etc.

Tous ces objets, entrés aux musées de Rouen et de Dieppe, ont été décrits et publiés par nous, dans la *Normandie souterraine* et la *Seine-Inférieure historique et archéologique*.

On nous demandera peut-être où vivaient les guerriers mérovingiens que nous retrouvons tout armés dans le champ de la *Tombe*. Nous croyons qu'ils habitaient le bourg actuel, vieux doyenné dont le titre remonte à l'époque franque. Les serfs qui servaient comme soldats portaient le sabre, tandis que les leudes ou seigneurs qui commandaient dans ce *vicus* portaient l'épée. Leur château était situé dans la vallée, presque au bord de l'Eaulne, là où une motte de prairie porte encore le nom de *câtel*. C'est tout ce qui reste de ces centeniers francs dont les noms de *Géson*, de *Rathaire* et de *Richieldis* sont seuls arrivés jusqu'à nous. Au xe siècle, les compagnons de Rollon fondent une dynastie nouvelle. Dans cette lignée, nous voyons briller Hugues et Turold d'Envermeu qui escortèrent Guillaume en Angleterre, qui fondèrent le prieuré de Saint-Laurent et qui brillèrent dans les armes et dans l'Eglise. Turold d'Envermeu, soldat d'abord, puis moine du Bec, devint enfin évêque de Bayeux, où il succéda au terrible Odon, demi-rochet, demi-casque. Lié avec saint Anselme, il déposa bientôt la mitre épiscopale et revint mourir au Bec, d'où il était sorti.

Ces deux frères fondèrent, en 1052, autour du château de leurs pères, mais de l'autre côté de la rivière, le prieuré de Saint-Laurent, d'abord conféré à des chanoines réguliers, puis donné, en 1078, aux Bénédictins du Bec-Hellouin. Le Bec posséda le prieuré jusqu'à la Révolution, époque où le revenu valait encore 5,000 livres.

L'établissement religieux avait été greffé sur une *villa* romaine. Au XIIIe siècle, il renfermait jusqu'à 13 moines. C'est ce que nous apprend Eudes Rigaud, qui le visita plusieurs fois. On ne se douterait guère que le cardinal Leveneur, évêque de Lisieux au XVIe siècle, fut le premier prieur commandataire de Saint-Laurent d'Envermeu. Ce riche prélat ne possédait pas moins de dix prieurés ou abbayes et des plus importants de notre province (1).

Une partie des archives de notre prieuré est conservée au dépôt départemental. Elle se compose de trois liasses contenant 320 chartes ou titres sur parchemin. L'en-

(1) *Bulletin monumental*, t. XXXI, p. 296.

semble des pièces va de 1268 à 1783. Mais le document le plus important est à la Bibliothèque impériale de Paris. Il consiste en un beau cartulaire qui a appartenu quelque temps au célèbre David Houard, de Dieppe.

L'église, qui était autrefois priorale et paroissiale, fut entièrement démolie en 1816, et il ne reste guère plus que quelques pierres taillées qui attestent, en ces lieux, le passage d'une colonie de l'ordre de Saint-Benoît.

Nous ne dirons rien de la chapelle du Brais, fondée au XIIIe siècle, et dont l'architecture témoigne encore de cette belle époque. Nous ne parlerons pas non plus de l'église d'Auberville-sur-Eaulne, supprimée par la Révolution et démolie peu de temps après.

Mais le plus beau monument religieux que le moyen-âge ait laissé à Envermeu, c'est l'église de Notre-Dame, élégante construction du XVIe siècle. L'édifice actuel remplace une basilique romane qui, dès le XIe siècle, avait été donnée au prieuré de Saint-Laurent.

Le plan de terre en est très régulier, quoique l'aspect extérieur soit un peu fantaisiste et accuse de grandes incertitudes et de nombreux tâtonnements dans l'exécution. Le mouvement architectural de cette époque avait conçu une vaste église. Il lui donna trois nefs dont la longueur totale est de 46 mètres. L'étendue du vaisseau est de 37 mètres. Les bras de croix ne comptent pas moins de 21 mètres. La tour du clocher fut reléguée à l'angle nord du portail de l'ouest, absolument comme à Arques. Cette tour, en grès à la base, est en pierre de taille au sommet ; la partie haute est décorée de sculptures et de niches que peuplent des statues d'apôtres. Le même détail se remarque à Darnétal, à la tour de Carville, et à Rouen, à celle de Saint-Pierre-du-Châtel.

Les contreforts sont élégants et la tourelle de l'escalier se termine heureusement par un campanile. La flèche d'ardoise mince et effilée finit en hache, comme toutes celles que virent élever les règnes de Henri IV et de Louis XIII. Inutile d'ajouter que cette pyramide est le plus bel ornement de la vallée dont elle est facilement la reine.

La nef primitive était obscure et écrasée. Elle a été élevée en 1862 au moyen d'une dépense de 30,000 fr., dus au zèle de la fabrique, de la commune, du département et du gouvernement. Tous ces sacrifices ont été provoqués par M. le curé. Les bas-côtés, si intéressants à l'intérieur, n'ont pas le même caractère au dehors. Au nord, des panneaux de pierre tapissent les murs, tandis qu'au midi une suite de pignons simulent des chapelles qui n'existent pas. La même particularité se retrouve dans les églises de Lillebonne et du Tréport, qui sont aussi du XVIe siècle.

Le chœur et les deux chapelles latérales sont un travail de la Renaissance dont vous aimerez à voir les contreforts avec leurs niches, leurs gargouilles et leurs pinacles mutilés. Le sanctuaire, qui rappelle celui d'Auffay, est une œuvre délicieuse. Il a conservé jusqu'à nous les armoiries coloriées qui décoraient, au dehors, le titre des seigneurs-patrons. Mais hélas ! il a perdu ses verrières. Pourtant, quel délicieux effet devait produire dans cette abside presque circulaire les sept longues fenêtres qui l'éclairent. Avec le zèle qui anime aujourd'hui le clergé et les paroissiens d'Envermeu, il ne faut pas désespérer de voir de nouveau le sanctuaire étinceler de mille couleurs.

L'intérieur de l'église est beaucoup plus intéressant que l'extérieur. Vous verrez avec plaisir les voûtes des collatéraux toutes décorées de pendentifs ou de filets de pierre découpés à jour. Les transepts, terminés triangulairement, sont percés de jolies petites fenêtres décorées de sculptures qui descendent des voûtes comme des tapisseries et des bordures. Le chœur et les chapelles latérales attireront le plus votre attention. Les colonnes sculptées, les chapiteaux à créations fantaisistes, les corniches, les culs-de-lampe mériteront de vous une étude particulière.

Nous ne vous dirons rien du grand baldaquin de

chêne à colonnes ioniques, exécuté de 1777 à 1780 par Michel Borlé, sculpteur dieppois. Ce travail, le plus beau de son espèce, n'est pas sans mérite ; mais il est déplacé dans une église du moyen-âge et nous croyons que ses jours sont comptés.

Vous serez frappé en entrant dans l'église du grand nombre d'inscriptions qui en recouvrent les murs. « Ce sont des obits et des fondations faites dans le courant du XVIe et du XVIIe siècle. Peu d'églises de l'arrondissement de Dieppe sont aussi riches que celle-ci ; et pourtant ce pays est de tout le diocèse le plus fécond en épigraphie chrétienne. Dans l'église d'Envermeu on trouve des pierres gravées dans les transepts, sous le clocher et dans les nefs. On admire la foi vive au purgatoire qui régnait autrefois chez ce peuple, aujourd'hui si préoccupé des intérêts matériels (1). »

Nous sommes loin de vous avoir dit tout ce qu'il y a d'intéressant dans l'église et dans l'histoire d'Envermeu. Nous ne saurions le faire dans une visite si courte, dans un examen si rapide. Cependant, nous ne pouvons nous empêcher de vous citer certains usages pieux et anciens que l'on trouve dans cette paroisse et dans celles des bords de l'Eaulne. Ainsi, « tous les samedis, on cueille le *pain bénit des trépassés*. Un des habitants va

(1) *Les Eglises de l'arrond. de Dieppe*, t. II, p. 183.

dans toutes les maisons et reçoit le morceau de pain que chacun met dans son panier. Le lendemain, après la grand'messe, ce pain est vendu publiquement et l'argent sert à faire dire des messes pour les morts. A Meulers, dans la vallée de la Béthune, on a conservé l'usage d'offrir une gerbe de blé le jour de la Toussaint, quand tous les fruits de la terre sont récoltés; à Saint-Sulpice, dans la vallée de l'Yère, les pauvres paysans mettent une glane de blé à la porte de leur église en ruine, ce sont les prémices de la moisson qu'ils offrent au Seigneur.

« A Meulers et à Freulleville, les enfants de chœur portent de l'eau bénite aux paroissiens dans le carême; mais, à Envermeu, l'usage de l'eau bénite et du pain bénit s'est maintenu pour toute l'année. Chaque dimanche donc, après la grand'messe, les enfants de chœur portent dans toutes les maisons de l'eau bénite et du pain bénit; ils aspergent chaque demeure avec le goupillon en disant : *Asperges me Domine, hyssopo et mundabor;* puis ils ajoutent : « Souhaitez-vous du pain bénit? » Alors on leur donne une petite rétribution. Cet usage subsistait aussi à Caudebec-en-Caux. L'abbé Miette en parle dans son ouvrage manuscrit sur cette ville, dont il était curé. A Auffay-sur-Scio, cette antique coutume n'a cessé que depuis 1840. Nous en sommes fâché, car c'était une dernière trace des pieuses habitudes liturgiques de nos pères.

« Cet usage remonte à une très haute antiquité ; nous en trouvons mention dans les constitutions de Rieulphe, évêque de Soissons, en 888 ; dans les statuts d'Alexandre, évêque de Coventry, en 1237 ; dans ceux de Gilles, évêque de Salisbury, en 1256, et dans le concile d'Exeter, en 1287. A cette époque, on donnait une aumône aux enfants de chœur qui distribuaient l'eau *benoiste*, et ce petit revenu les aidait à passer le temps de leurs études pour se préparer à la prêtrise.

« Il est encore un touchant usage par lequel nous terminons cette Notice, c'est celui de chanter, avant toutes les inhumations, une antienne à saint Roch, à saint Antoine, à saint Adrien et à saint Sébastien, patrons des chrétiens, contre la peste. Cette pieuse coutume, qui dure depuis des siècles, a dû naître à l'occasion de malheurs publics. Il y a quelque chose de triste à les rappeler sans cesse ; mais aussi il y a de la reconnaissance à faire entendre éternellement un hymne d'action de grâces (1). »

(1) Les *Eglises de l'Arrondissement de Dieppe*, t. II, p. 185-186.

L'ALIERMONT.

Pour gagner l'Aliermont, nous sortons d'Envermeu par le quartier Saint-Laurent, émergé de la vallée depuis 1860. Nous suivons la route départementale n° 32, dont l'exécution a donné tant de peines et coûté tant de sacrifices aux administrations. Cette grande voie ne compte guère moins de 110 kilomètres. Elle traverse la Seine-Inférieure presque dans sa plus grande largeur, et comme elle côtoie constamment les contrées maritimes, elle rencontre des obstacles sans nombre provenant des vallées à franchir et des rivières à traverser. On aura une idée des difficultés sans nombre qu'a présentées la création de cette grande voie, quand on saura qu'elle traverse onze rivières et qu'elle gravit plus de trente collines; mais cette route a civilisé nos campagnes et ouvert des débouchés entre des localités, voisines sans doute, mais inabordables, et qui ne se connaissaient guère que de nom. C'est le plus précieux chemin établi depuis 1825, époque de la création des routes départementales.

Nous gravissons lentement le *Mont-Blanc*, ainsi appelé à cause de la nature crayeuse du sol. Pendant ce temps, vous pouvez vous retourner pour jouir une dernière fois de la vue de la vallée de l'Eaulne, nature agreste et forestière dans plusieurs de ses parties, fertile et cultivée dans d'autres. Mais à quel prix l'homme obtient-il ici des moissons? Ces collines sont vertes partout où la charrue n'a pas passé; mais, dès que son soc bienfaisant a déchiré le flanc des coteaux, on voit apparaître la craie, que j'appellerai volontiers les ossements de la terre. C'est donc ici, plus que partout ailleurs, que s'accomplit pour le genre humain la grande loi promulguée par Dieu au commencement du monde : « Tu mangeras ton pain à la sueur de ton front ! » Mais nul de ces bons ouvriers ne songe à s'en plaindre, et c'est avec un courage toujours renaissant qu'ils arrosent de leurs sueurs ces collines déjà engraissées de la cendre et des ossements de leurs pères.

Mais nous voici sur le plateau de l'Aliermont. L'Aliermont, nommé *alacris mons* dès le XIIe siècle, est une plaine boisée passablement étroite et fortement resserrée entre les vallées de l'Eaulne et de la Béthune, qu'elle côtoie sur une longueur qui n'est pas moindre de 25 kilomètres. La largeur du plateau se développe parfois sur deux à trois kilomètres; mais, le plus habituellement, elle n'est guère que de 1,000 mètres. Une grande et large rue parcourt le plateau dans toute sa longueur. Cette voie, qui avait autrefois de 25 à 30 mètres de large, s'est rétrécie de nos jours aux proportions d'un grand chemin ordinaire. Cette route spacieuse, romaine peut-être, mais certainement mérovingienne, est bordée dans toute sa longueur de maisons, d'ateliers, de fermes et de cours plantées. Elle a vu se ranger sur son parcours les villages de Saint-Nicolas, de Notre-Dame, de Sainte-Agathe et de Croixdalle.

A nos yeux, tous ces villages sont des créations des archevêques de Rouen, seigneurs et comtes de l'Aliermont depuis 1197 jusqu'en 1790. Nous croyons que Saint-Nicolas et Notre-Dame sont l'œuvre de Gauthier de Coutances, de Robert Poulain et de Pierre de Collemiou. Saint-Jacques ou Saint-James, nommé Tristeville (*tristis villa*) au xiiie siècle, fut créé par Eudes Rigaud qui en consacra l'église le 10 juillet 1267. Il en fut sans doute de même de Sainte-Agathe, consacrée par le même prélat le 24 juillet de la même année. Quant à Croixdalle, il semble être l'enfant de Guillaume de Flavacourt, le successeur de Rigaud. Nous savons qu'en 1299 ce pontife dota l'église de *Croixdalle* d'une rente annuelle de 16 livres, à prendre sur le bateau passeur de Dieppe au Pollet. Ce qui est très certain, c'est que les églises de l'Aliermont étaient appelées dans le pays, même *les filles des archevêques de Rouen*, et nous croyons que c'était avec raison.

Ce fut en échange de la *roche d'Andelys*, nommée plus

tard le Château-Gaillard, que Gauthier de Coutances obtint l'Aliermont de Richard Cœur-de-Lion, poussé par Philippe-Auguste et Innocent III. Il est probable que ce fut ce pontife, surnommé le *Magnifique*, qui fonda sur cette campagne boisée, qu'un poète du temps appelait *locus amœnus*, un manoir féodal que ses successeurs habitèrent longtemps avec une certaine prédilection. Nous citerons, parmi ceux qui aimèrent le plus cette demeure et qui la fréquentèrent davantage, le célèbre Eudes Rigaud, qui nous a légué sa propre vie dans le *Journal de ses Visites pastorales*.

« Dans l'espace de vingt années, de 1248 à 1268, Eudes Rigaud visita cent cinquante fois son manoir d'Aliermont; il y séjourna parfois un mois entier pour s'y reposer de ses fatigues. Sa vie aventureuse lui faisait trouver doux son chez soi de quelques jours. Souvent il y venait faire les Rois et y passer les grandes fêtes, surtout les fêtes patronales de ces petites églises, si chères à son cœur. Il aimait, dans ces temples champêtres, à célébrer le Saint Sacrifice et à faire entendre cette éloquente parole, si chère aux rois de la terre. La mitre en tête et la crosse à la main, il officiait pontificalement aux fêtes de Notre-Dame, de saint Jacques, de saint Nicolas et de sainte Agathe. Il semblait préférer ces petites églises aux cathédrales et aux abbayes.

« La première fois qu'il y paraît, c'est au mois de juillet 1248, et le 24 septembre suivant, il voyait venir lui demander pardon une bande d'émeutiers qui avaient pillé les églises de l'Aliermont. Gautier Carue, châtelain de Gamaches en Ponthieu, pendant l'absence de son seigneur, parti pour la croisade, avait ameuté cette commune et les nombreux vassaux du comte de Dreux, et s'était rué sur le manoir archiépiscopal d'Aliermont. Un meurtre avait été commis; des églises, des presbytères, des fermes avaient été pillés; c'était un épisode de cette guerre des Pastoureaux qui pénétrèrent jusqu'à Rouen, en 1251, et chassèrent de sa cathédrale, où il présidait un synode, l'archevêque Rigaud lui-même.

« Gautier Carue, le chef de la bande, ayant remis sa demande aux mains du pontife, laissa pour otages Michel de Berneval, Hue d'Espinay, Jean Dampierre et plusieurs autres gentilshommes. On prit quatre mois pour examiner l'affaire, et le 21 janvier 1249, le prélat rendait sa sentence au manoir d'Aliermont. Il condamna Gautier à prendre avec lui onze *mayeurs* ou gentishommes des communes des environs de Gamaches, et à faire avec eux douze processions solennelles nu-pieds, en chemise, la tête découverte, vêtus d'un simple vêtement, tenant chacun des verges dans leurs mains, et à recevoir, à la fin de la procession, la discipline de la main des prêtres ; les lieux où devaient se faire ces processions, étaient les cathédrales d'Evreux, de Lisieux, de Beauvais et d'Amiens; les églises de Dreux, de Gamaches, de Saint-Vaast, d'Equiqueville, de Saint-Aubin-le-Cauf et les trois églises d'Aliermont. Ce cérémonial était, du reste, celui qui était observé envers tous les pénitents publics, et il a été en vigueur jusque dans le siècle dernier.

« Après cette grave affaire, Eudes Rigaud descendit de l'Aliermont pour tenir les calendes des doyennés voisins. On ne s'imaginera jamais combien de désordres avaient pénétré dans le clergé séculier, au moment des guerres nationales qui séparèrent la Normandie de l'Angleterre. Eudes Rigaud les reprend avec zèle et fermeté, et il obtient des succès que l'on peut constater dans sa visite de 1259.

« Au mois d'avril 1249, il passe quatre jours à Aliermont où il se recueille pour son pèlerinage de Cantorbéry. Il va s'embarquer à Wissant, par Eu et Abbeville, se rend à Londres, visite Henri III, demande et obtient la restitution des fiefs que ses prédécesseurs possédaient en Angleterre ; puis, en sa qualité de vassal, prête serment au monarque anglais ; mais, à son tour il reçoit à Blendworth l'hommage de ses vassaux bretons, puis il revient et se retrouve à Aliermont, le 4 des nones de mai. En juin 1251, Eudes Rigaud s'était fait saigner à Aliermont, sans doute par suite de l'émotion qu'il avait éprouvée à Rouen, lors de l'émeute des Pastoureaux. Cette crise présageait une maladie qui éclata à la fin de l'année suivante, car, en décembre 1252 et en janvier 1253, nous voyons le pontife passer deux mois à Aliermont, pendant lesquels il fut gravement indisposé. Il avait auprès de lui, pour le soigner, maître Henri, physicien, qui le saignait souvent, selon l'usage de ce temps-là. Quand il fut entré en convalescence, il alla passer quinze jours au manoir de Déville.

« En 1257, le roi saint Louis vint visiter sa province de Normandie; c'était au mois d'avril, dans les premiers jours du printemps. Eudes Rigaud, qui était plein de vénération pour son pieux maître, ne voulut pas le laisser seul dans son diocèse. Après avoir célébré les fêtes de Pâques à Rouen, il se rendit sur l'Aliermont pour y attendre le roi et l'accompagner dans chacune de ses excursions. Louis IX descendit à la mer par la vallée de Scie, s'arrêtant aux châteaux d'Auffay, de Longueville et d'Arques. Le prélat s'y rendait chaque jour pour dîner avec lui; mais ce fut une grande joie quand il put posséder dans sa maison des champs le plus saint des rois de la terre. Il le reconduisit à Mortemer, à Neufchâtel, à Gournay et jusqu'à Gisors.

« Louis IX, qui connaissait toute la capacité et le zèle de l'archevêque de Rouen, lui confia, en 1260, une mission diplomatique auprès du roi d'Angleterre. Le prélat partit pour l'Aliermont le 28 juin, alla célébrer la Saint-Pierre à Gamaches, et par Montreuil et Boulogne, arriva à Wissant, où il s'embarqua. Après avoir célébré la grand'messe à Saint-Thomas de Cantorbéry, il se rendit à Londres, et il était de retour à Aliermont, le 30 juillet de la même année.

« Ce n'était pas, du reste, dans ses fêtes, dans ses voyages, dans ses missions, dans ses affaires, que le saint roi aimait à employer Eudes Rigaud; il se plaisait aussi à le posséder dans ses peines, dans ses conseils et dans ses parlements. Joinville nous montre le pontife rouennais consolant le roi de France après la mort de son fils. *Les visites pastorales* nous font voir Eudes Rigaud passant sur l'Aliermont, la fête des Rois de l'année 1262. Le 11 janvier, il reçoit dans son manoir une lettre de saint Louis qui le prie de partir en toute hâte pour le rejoindre à Royaumont. Le prélat s'y rendit, célébra la messe de la Purification et accompagna le roi au parlement de Paris.

« Rigaud se plaisait beaucoup dans sa maison des champs; il y était fort à son aise et y jouissait de tous les agréments du propriétaire rural. Le manoir était entouré d'un parc immense et d'une masure édifiée de nombreux bâtiments. Il y avait des granges, des écuries, des étables, un moulin pour le blé et un four pour le pain. Lui-même vous parle de ses poules, de ses chapons, de ses oies, de ses porcs, de ses vaches, de ses génisses, de ses brebis et de ses chevaux. Non loin de la métairie, étaient des tuileries et charbonneries. Une garenne nourrissait un abondant gibier ; un de ses clercs en était le gardien. Parfois le pontife venait lui-même tenir ses plaids, rendre la moyenne et la basse justice. Les délits de chasse et de braconnage sont ceux qui reviennent le plus souvent à son tribunal, et il les punit avec vigueur ; car, comme Henri IV, il se montre très-jaloux du gibier de sa forêt. Elle était riche alors et contenait des cerfs et des sangliers, animaux devenus étrangers à l'Aliermont.

« Souvent il avait maille à partir avec les châtelains des environs. Nous le voyons, en 1255, châtier Raoul de Bailleul dans l'église de Notre-Dame. En 1257, c'est Jean de Saint-Martin et Renaud de Miromesnil qui sont condamnés à l'amende.

« Enfin, il se passa dans la maison de l'Aliermont un fait politique et religieux qui a la plus grande analogie avec un évènement moderne.

« En 1847, le père Azar, religieux maronite, est venu,

au nom de l'archevêque de Saïda, peindre les maux sans mesure et sans nombre des chrétiens du Liban. Il a déposé ses plaintes et ses vœux dans le cœur de notre pontife, qui, le 23 octobre de cette même année, a provoqué, par une lettre pastorale, les prières et les aumônes des fidèles en faveur de leurs frères persécutés. Des comités se sont organisés au Havre et à Rouen, et *les fils des Croisés* ont donné leur obole pour la délivrance de leurs pères dans la foi.

« Au mois de juillet 1263, Jean, évêque de Ptolémaïs, en Palestine, vint aussi en France raconter les douleurs des chrétiens de l'Orient et parler de la profanation des saints lieux. Après avoir pénétré dans le palais des rois, il vint toucher le cœur de l'archevêque jusque dans son manoir d'Aliermont. Rigaud, bouillant de zèle, seconda la ferveur de son pieux maître, et, le 18 mars 1265, il prêcha la dernière croisade à Rouen, dans ces halles de la Vieille-Tour, où affluaient tous les marchands de l'univers (1). »

SAINT-NICOLAS-D'ALIERMONT.

De ce curieux manoir, visité par les rois et aimé des pontifes, il ne reste presque plus rien aujourd'hui. En

(1) Les *Églises de l'arrondissement de Dieppe*, t. II, p. 198-202.

1790, il fut vendu 68,000 livres avec tout le domaine archiépiscopal de l'Aliermont. En 1816, le manoir fut démoli, et le parc qui le contenait fut découpé pour y bâtir la demeure de pauvres ouvriers. Ce quartier, où il reste encore quelques pierres du xiiie siècle, porte toujours le nom de *Mané*.

Puisque le château nous manque, visitons l'église qui dure toujours. C'est tout ce qui reste ici du moyen-âge.

L'église de Saint-Nicolas n'est pas sans intérêt, ainsi que nous l'avons déjà fait entendre. C'est une noble fille du xiiie siècle, à laquelle le xvie a ajouté un quartier. La forme de l'église est celle d'une croix latine, le clocher s'élevant sur les transepts, suivant un usage général du xiie au xvie siècle. Le chœur est la partie la plus monumentale de l'église, éclairé par des lancettes aiguës du temps de saint Louis ; il est protégé par des voûtes contemporaines des derniers Valois.

« Ce qui distingue cette église de toutes les autres de ce pays, c'est le grand nombre d'inscriptions obituaires qui la tapissent dans toute son étendue. Heureusement, les badigeonneurs les ont épargnées. Il y en a dans la nef, sous le clocher, dans les chapelles, surtout dans le chœur, au-dessus de la porte de la sacristie. C'est là qu'on les a étagées comme sur les rayons d'une bibliothèque. Toutes ces fondations appartiennent au xvi⁰ et au xvii⁰ siècle. Il n'y en a aucune du xv⁰ ni du xviii⁰. La plupart de ces obits ont été fondés par des laboureurs, par des curés de la paroisse et par des prêtres qui y avaient reçu le jour. Il y avait tant d'obits et de fondations à Saint-Nicolas qu'un ancien registre en élève le nombre jusqu'à 181. On fut obligé de les réduire en 1719. »

Un des traits qui caractérisent ce grand centre de Saint-Nicolas, qui ne compte guère moins de 2,000 habitants, c'est qu'il est à la fois agricole et industriel. Dans les villages d'alentour, le peuple vit des champs, c'est-à-dire des produits de la culture. Ici, au contraire, il vit de l'industrie ; autrefois c'étaient des chaudronniers travaillant le métal et parcourant le pays afin de gagner leur vie en exerçant un métier de gagne-petit. Ces industriels ambulants étaient plus communément connus sous le nom de *maignans* ou de *mougnans*. Plus tard, ils se livrèrent à l'horlogerie. Une tradition, que nous croyons fausse, attribue l'origine de cette horlogerie locale à l'émigration d'ouvriers dieppois, venus ici après le bombardement de 1694. Une pièce que nous avons rencontrée à Dieppe, il y a quelques années, contredit formellement cette tradition. Sur une horloge, qui avait tous les caractères de la date qu'elle porte, nous avons lu :

Dvcuayssoy, a st iame, mvcxxi. Ainsi, d'après cette pendule, qui est entrée au Musée industriel de Rouen, l'horlogerie eût existé sur le plateau de l'Aliermont dès le temps de Louis XIII. Dans le cours du XVIIIe siècle, des horlogers et des dentelières figurent fréquemment sur les registres de l'état civil de Saint-Nicolas.

Des *Lettres sur les fabriques d'horlogerie de la Suisse et de la France*, écrites en 1853, citent parmi les meilleurs ateliers de nos jours ceux de MM. Croute, Cailly et de l'Espine. Elles nous apprennent aussi que M. Pons créa à Saint-Nicolas une fabrique digne de rivaliser avec celle de M. Japy, à Beaucourt (Haut-Rhin). En 1841, M. Jacob, auquel succédèrent MM. Dennery et Dumas, ouvrit une fabrique de chronomètres renommés. M. Martin, maire du lieu, nous semble avoir une maison modèle que vous aurez du plaisir à visiter.

Mais, du reste, à propos de l'horlogerie de l'Aliermont, nous nous sommes procuré à bonne source des documents que vous aurez autant de plaisir à parcourir que nous en avons à vous les soumettre.

« Vous avez bien voulu me demander quelques détails sur l'industrie spéciale à notre commune. Je me fais un bonheur de vous transmettre approximativement ce que je sais sur cet intéressant sujet.

« La population de Saint-Nicolas est d'environ 2,000

habitants, dont 5 à 600 seulement sont cultivateurs et vivent de la culture ; 14 ou 1,500 sont horlogers et vivent de l'horlogerie ou par elle.

« En éliminant les enfants trop jeunes et les vieillards, il reste environ de population active 7 à 800 ouvriers ou ouvrières proprement dits. Ce nombre est occupé d'une façon spéciale à la fabrication, et dans ce nombre sont compris les artistes travaillant aux régulateurs astronomiques, aux chronomètres de bord, pour la marine impériale, à l'horlogerie servant à la télégraphie électrique, à l'horlogerie de pendules de voyage et enfin à l'horlogerie de mouvements ordinaires à sonnerie et sans sonnerie.

« Pour suivre la hiérarchie industrielle de notre art, il faut commencer par la chronométrie, dont Saint-Nicolas possède trois ateliers. Le premier et le plus important est dirigé par M. Dumas, artiste du premier mérite, et dont les chronomètres ont obtenu la prime deux fois en quelques années, au concours du dépôt de la marine. A ce concours, tous les chronomètres qui ne font pas plus de 3 secondes d'écart en trois mois sont achetés par le gouvernement, et ceux qui restent dans les limites de la prime, c'est-à-dire 2"5 dans le même temps, reçoivent, outre le prix d'achat, une prime de 1,000 fr. en plus, ce qui porte le prix total à 3,000 fr.

M. Dumas occupe 12 ou 15 ouvriers, et M. Scharff en occupe 6 ou 8. M. Jacob, le fondateur de la chronométrie en ce pays, a encore deux ouvriers pour terminer, sans doute, les pièces qui lui restaient en fabrication.

« Saint-Nicolas fournit les roulants de chronomètres à tous les autres fabricants qui s'en occupent en France, soit à Paris, soit au Havre. Ces deux ateliers d'artistes font aussi, tout réglés, des régulateurs astronomiques balanciers compensés, dont les prix varient de 600 à 1,200 fr.

« Trois autres ateliers sont importants. Ce sont l'usine à vapeur de M. Emile Martin et les fabriques de M. de l'Espine fils et de MM. Hollingue frères.

« Dans les ateliers de M. Martin, on exécute l'horlogerie de précision, tels que régulateurs, compteurs, et tous les mouvements pour la télégraphie électrique. Cette branche a donné depuis douze ans un travail considérable. Les rouages employés pour la télégraphie ont besoin d'être exécutés très fidèlement, et les prix en sont élevés. Ces ouvriers gagnent leur vie, à condition de faire un travail très soigné. Les mouvements de pendules de voyage à quarts, à répétition, à quantièmes perpétuels, demandent aussi un personnel très intelligent.

« Les ateliers de M. Martin étant les plus importants, les produits, par conséquent, sont les plus nombreux. Il se fait environ 4,000 pièces par mois, en toute espèce de mouvements. Après lui vient M. de l'Espine, qui produit environ 2,000, et MM. Hollingue, environ 1,500. Les autres petites fabriques, au nombre de huit à dix, peuvent fournir ensemble 4,000 pièces, ce qui fait une sortie de 12,000 mouvements par mois, en horlogerie de toute espèce. Au point de vue du prix, une moyenne de 7 à 8 fr. par pièce donnerait 100,000 fr. par mois, soit 1,200,000 fr. par an.

« Comme la matière première est le cuivre, et que l'acier y entre pour fort peu de poids, je pense qu'il est employé annuellement dans le village 50,000 kilog. de cuivre.

« Les ouvriers et ouvrières gagnent en moyenne, les ouvriers 3 fr. par jour et les ouvrières 1 fr. 50. Pour certains travaux, le pivotage, le montage des roues et le polissage, les ouvrières sont préférables; leur main est plus légère, et le travail en est beaucoup mieux soigné.

« L'horlogerie a cela d'avantageux que les pères de famille peuvent faire travailler leurs enfants avec eux : ils en retirent ainsi de très grands bénéfices.

« Les produits manufacturés de l'Aliermont sont dirigés principalement sur Paris et sur Londres. »

Quand vous aurez visité l'église et les ateliers de Saint-

Nicolas, que vous aurez pris connaissance du présent et du passé de l'Aliermont, vous reprendrez le chemin de Dieppe par la forêt d'Arques. Mais avant d'entrer au milieu des hêtres et des chênes centenaires qui la composent, vous traversez une campagne qu'on appelle le *Bout-d'Aval*. C'est par opposition à l'autre extrémité du village, qui se nomme le *Bout-d'Amont*. Comme vous le voyez, l'orientation et la rose des vents sont la source naturelle où les populations primitives puisent leur étymologie. Mais quelle origine attribuer aux noms pompeux de Florence et de Milan que portent deux fermes de ce même plateau? Nous laissons au lecteur le soin de faire sur ce sujet toutes ses conjectures.

LA FORÊT D'ARQUES.

La forêt d'Arques, où nous entrons, remonte probablement à une haute antiquité; mais nous n'en trouvons mention pour la première fois qu'au XIIIe siècle. Dans un acte de 1217, Robert Poulain, archevêque de Rouen, l'appelle *Haïa Archiarum*, la Haie d'Arques. Ce nom de haie était commun au moyen-âge pour signifier un bois et une forêt. Sous les rois anglo-normands, la forêt du Valasse est appelée la Haie de Lintot, *Haïam de Lintot*. Une portion de la forêt de Brotonne fut longtemps nommée la Haie de Routot.

La forêt où nous sommes est traversée par le chemin qui, de Dieppe et Arques, monte sur l'Aliermont et le traverse dans toute sa longueur afin de gagner Neufchâtel. Comme nous l'avons déjà dit, c'est une très ancienne voie, romaine ou mérovingienne. Robert Poulain l'appelle *Viam antiquam*.

La forêt d'Arques n'est pas grande, puisqu'elle ne contient que 972 hectares ; mais elle est percée d'excellentes routes qui en rendent la fréquentation agréable. Cette forêt est domaniale, c'est-à-dire qu'elle appartient à l'État. Elle est surveillée par un brigadier, deux gardes et un garde-cantonnier, spécialement chargé de l'entretien des routes. L'essence dominante est le hêtre, qui y entre pour huit dixièmes. Le surplus se compose presque exclusivement de chênes.

Elle est aménagée en haute futaie à la révolution de 120 ans, et comprend deux séries composées chacune de trois cantons : la première, de 446 hectares (cantons de la Briquette, de Rouval et de Frémare) ; la seconde, de 526 hectares (cantons d'Heugleville, de Sainte-Barbe et du Val d'Arques).

Le revenu moyen annuel est d'environ 40,000 fr., y compris le droit de chasse. Mais, par suite du nouvel aménagement de 1859 et de la plus-value résultant de la création et de l'amélioration des chemins, le produit annuel pourra s'élever bientôt à 50,000 fr.

Cette forêt, comme celle d'Eawy, dépend de l'inspection de Dieppe (ancienne inspection de Saint-Saëns).

C'est au pied de cette forêt, aujourd'hui si tranquille, que s'est livrée la bataille d'Arques. A voir le calme profond qui règne sous ses ombrages, qui se douterait que des masses de soldats s'y sont agitées avec tout le cliquetis des armes ? On est saisi de douleur en pensant que ces hommes étaient des frères armés les uns contre les autres.

Deux choses subsistent encore de ces luttes passionnées : une colonne de granit et un vieil arbre qui porte le nom de Henri IV. Espérons que l'avenir n'aura plus à léguer à ces paisibles contrées que les conquêtes de l'intelligence et du savoir, du travail et de la civilisation.

FIN.

TABLE.

Aliermont (l'). Son origine, sa donation aux archevêques de Rouen, les églises de l'Aliermont filles de l'archevêque de Rouen, manoir archiépiscopal, prédilection d'Eudes Rigaud pour ce séjour, 300-309.

Ancourt. l'église, les vitraux, la motte, les châteaux, 282-284.

Anneville. 55.

Archelles. Antiquités romaines, castel du XVIe. siècle, Mlle de Rassent, 207-212.

Arques. Les rues, les maisons, le château, l'église, le jubé, Guillaume de Talou et Guillaume-le-Conquérant, Henri IV, le combat du 21 septembre 1589, le champ de bataille, la colonne commémorative, Mme la duchesse de Berry, M. de Blainville, 188-215; la forêt, 316-318.

Auffay. Le prieuré, le château, le combat, 37-43.

Avremesnil. 162-163.

Bellengreville. Eglise et fontaine sacrée, 286-287.

Blanc-Mesnil. 143.

Bondeville. L'abbaye, 19-20.

Bourgdun (le). L'ancien Evrard-Eglise, Dudon de Saint-Quentin et l'abbé Lebeuf, l'église, 153-160.

Bouteilles. L'église, le loup de Bouteilles, les fouilles, les croix d'absolution, la croix de la Moinerie, les salines, 179-186.

Braquemont. Le château, l'église, Mgr. Robin, évêque de Bayeux, prébendes du chapitre de Rouen, limites de la garnison, fouilles de villa romaine, 252-263.

Camp de César ou cité de Limes. Sa description, ses antiquités gauloises et romaines, ses fouilles, les travaux dont il a été l'objet, 237-252.

Caudecôte. Chapelle, prêche, antiquités, 97-102.

Charlemesnil. La fontaine de Saint-Ribert, la collégiale, le château, 55-57.

Cité de Limes. (Voyez camp de César.)

Clères. Le château, Henri IV, 25-28.

Crosville-sur-Scie. 55.

Dénestanville. 54.

Déville. Maison de Saint-Romain, la cloche de Georges d'Amboise, Corneille et Voltaire, 14-17.

Dieppe. Antiquités romaines, 97, 220, 263; l'église Saint-Jacques, 67-72; l'église Saint-Remy, 72-73; le vieux Saint-Remy, 74; anciennes tours et anciennes portes, 76-77; les bains, 77-79; l'hôtel-de-ville et la bibliothèque, 79-81; les anciens couvents, 81, 92; les anciens hôpitaux et le nouvel hospice, 81, 82, 91, 176; les grands hommes, 48; les rues et les maisons, 84-87; la maison d'Ango, 88-89; l'archevêché, 89-90; la maison de Bouzard, 90; la Bastille, 91, 227; le Pollet et les polletais, 91-93, 223-229; les forts du Pollet, 278; le cimetière de Janval, 131-132; le tunnel des fontaines, 131-132; le mont de Caux, 134-135; la peste de 1669, 135; les léproseries, 138-139, 221; le chemin de fer, 177; le canal Bourbon, 218; le parc aux huîtres, 219-220; la chapelle de Bonne-Nouvelle, 220-221; la chapelle de Saint-Aubinet, 221; tour et léproserie de Jérusalem, 221; pont et porte du pont, 222; la chapelle des Grèves au Pollet, 225-226; histoire des bains de mer, 234-237.

Envermeu. Cimetière franc et fouilles, halles et marché, château, prieuré de Saint-Laurent, chapelle de Brais, l'église de N.-D., coutumes religieuses et liturgiques, 288-299.

Etaimpuis. 29-30.

Etran. Eglise, fouilles du cimetière, tombeau, vases funéraires, carreaux émaillés, salines, 217-218; les comtes de Dunois et de Saint-Paul, 275.

Flainville. 150-152.

Fontaine-le-Dun. Eglise et baptistère, 161-162.

Forêt d'Arques. Son ancien nom, sa contenance, son aménagement, 316-318.

Gonneville. 44-46.

Grèges. Antiquités romaines, l'église, le combat, 279-281.

Hautot-sur-Mer. Les ruines du château, l'église, 127-129; la Croix à la Dame, 142.

Heugleville-sur-Scie. 43-44.

Hybouville. Eglise et château, 287-288.

Inerville. Eglise et dalle tumulaire, 286.

Janval. 63; la léproserie, 138; le cimetière, 135.

Limes (cité de). 237-252.

L'Œilly. 20.

Longueil. Henri Richer, le château, l'église, le prieuré, le chroniqueur Asseline, 122-123, 145, 147, 148.

Longueville. Le château, le prieuré, les tombeaux, 46, 63.

Luneray. Le protestantisme, 163-164.

Machonville. 186-188.

Malaunay. Les églises, la trombe, 20-24.

Maromme. L'église, le moulin à poudre, le duc de Malakoff, 17-19.

Martin-Église. Antiquités, propriétés du chapitre, église, dalle tumulaire du curé de Limes, 215-217 ; l'abbé Briche, 276 ; le manoir de Pallecheul, 277.

Monville. L'église, le cimetière franc, 24-25.

Neuville-le-Pollet. Cimetière romain, l'église, l'abbé Heusey et le Jansénisme, la maison de Henri IV, 263-273.

Offranville. La reine Hortense, l'église, 169-172.

Ormesnil. 28.

Ouville-la-Rivière. 122 ; le cimetière franc, 144, le château, le combat, l'église, 167-169.

Pallecheul. (Manoir et sire de). 277 ; prêche, 278.

Petit-Appeville (le). L'église, le baptistère, les vétérans de Dieppe, 62, 129-130.

Pierre (la). 33.

Pourville. L'église, la croix, la duchesse de Longueville, le gouverneur de Sigognes, les bains, 62-63, 102-109.

Puys. Vallon, chapelle, bains, 230-234.

Quiberville. Eglise et croix d'absolution, 148-150.

Rosendal. 179.

Rouen. 10-14.

Saâne (la). 165-166.

Sauchay. Monnaies romaines, église et crypte, 184-185.

Sauqueville. La collégiale, les dalles tumulaires, 58-60.

Scie (la). 140-141.

SAINTS ET SAINTES.

Aubin-sur-Mer (St-). 152.

Aubin-sur-Scie (St-). L'église, le château de Miromesnil, les sépultures franques, 60-62.

Denis-d'Aclon (St-). 164-165.

Denis-du-Val (St-). 150-151.

Denis-sur-Scie (St-). 37.

Maclou-de-Folleville (St-). Les antiquités, le château, l'église, 33-35.

Marguerite-du-Dun (Ste-). 160.

Marguerite-sur-Mer (Ste-). La villa romaine, les fouilles, les sépultures barbares, l'abside, l'autel, 115-132.

Nicolas-d'Aliermont (St-). Le manoir, l'église, l'horlogerie, 309-316.

Nicolas-de-Caudecôte (St-). 100, 102.

Pierre-d'Épinay (St-). Hameau, chapelle, motte, salines, sépultures, 63, 177-179.

Sulpice (St-). 287.

Thomas-sur-Scie (St-). 37.

Victor-l'Abbaye (St-). L'abbaye, la salle capitulaire, la statue de Guillaume-le-Conquérant, 30-32.

Thibermont. Le château, 280.

Thil-Manneville (le). 169.

Varengeville-sur-Mer. L'église, le câtelier, le phare, les roches d'Ailly, 109-115.

Vcauvaie (la). Château, chapelle, 285.

Vertus (les). Hameau, chapelle, camp, 172-174.

Rouen.—Imp. E. Cagniard, rues de l'Impératrice, 88, et des Basnage, 5.

www.ingramcontent.com/pod-product-compliance
Lightning Source LLC
Chambersburg PA
CBHW060455170426
43199CB00011B/1216